# LES 5 SPORTS CANINS GAGNANTS

Yannick Thoulon, Chloé Fesch

# LES 5 SPORTS CANINS GAGNANTS

dog dancing, agility, hooper, canicross, frisbee

Favoriser son bien-être
Accompagner son éducation
Renforcer votre complicité

ulmer

# SOMMAIRE

# AVANT-PROPOS

Je viens du monde de l'équitation. Dans ma culture, quand on a un animal, on fait forcément « une activité » avec lui. Toute petite déjà, quand mon frère a eu un chien, je m'amusais à lui faire faire des petits parcours dans le jardin. Quand j'ai enfin pu avoir mon chien, c'est tout naturellement que je me suis orientée vers les sports canins. L'agility, d'abord, puisque ça ressemblait au jumping hippique, puis le dog dancing, proche du dressage hippique. La proprioception et la préparation physique étaient également inspirées de ce que je faisais en équitation. Peu à peu, je me suis intéressée aux autres sports canins, et le frisbee m'a séduite au point de faire des compétitions avec Yéti et Yopp.

En tant qu'éducatrice canin, j'ai tout de suite noté les bienfaits des activités canines : elles permettent de continuer l'éducation bien après l'obéissance de base, de renforcer la relation quand le chien est jeune et de l'entretenir ensuite pendant des années. Les activités sportives canines permettent d'éduquer différemment, de communiquer avec le chien de manière bien plus efficace, mais aussi et surtout bien plus ludique.

Des sports canins, il y en a pour tous les goûts, du plus sportif au plus créatif. Quel que soit celui que vous choisissez, c'est une activité que vous décidez de faire en binôme avec votre chien. Votre lien s'en trouve renforcé, car vous devenez, bien plus qu'un « maître », un partenaire de jeu pour votre compagnon. Les sports permettent aussi d'entretenir la forme de votre chien, de suivre de près son état de santé, de le dépenser physiquement et mentalement, pour lui apporter une saine fatigue et subvenir à ses besoins primaires.

Dans ce livre, je vous invite à découvrir cinq activités sportives accessibles, qui ne nécessitent ni de grands espaces ni beaucoup de matériel, à choisir selon les goûts et les compétences du binôme que vous formez avec votre chien : l'agility, le plus accessible de tous, où vous conduirez votre chien sur un parcours d'obstacles en courant avec lui ; le Dog Dancing, où vous exécuterez ensemble une chorégraphie en musique ; le Hoopers, idéal si ni

Willow, champion de canicross

vous ni votre chien n'êtes en grande forme physique, où le chien apprend à être dirigé à distance sur un parcours d'obstacles, sans sauts ni virages secs ; le canicross, pour les plus sportifs, où vous courrez avec votre chien avec le bon matériel ; le frisbee, à la fois ludique et technique, pour défouler votre chien tout en l'aidant à se contrôler.

Pour une parfaite compréhension, les activités sont découpées en séquences photographiées, dessinées ou filmées (accessibles via un QR-Code).
Si on prend soin de les pratiquer correctement et que l'on veille à la sécurité de son chien, les sports canins n'ont que des avantages !

**Yannick Thoulon**

# AVANT DE COMMENCER

Faire du sport avec son chien a de nombreux avantages pour vous comme pour votre chien, mais aussi pour votre relation. Néanmoins, il est nécessaire de se préparer correctement afin d'éviter tout problème.

# LE SPORT DOIT RESTER UN JEU !

Il peut être impressionnant de voir certains chiens faire du sport. Quand on les regarde, on comprend très vite que, quand la motivation est présente, les chiens sont capables de tout donner durant la pratique de leur sport. Mais pour trouver et entretenir cette motivation, il faut choisir le bon sport et la bonne récompense !

## LES QUESTIONS À SE POSER POUR TROUVER LE BON SPORT

→ **Ce sport me plaît-il ?** La pratique d'un sport demande de la régularité et de l'investissement. Trouver un sport avec votre chien que vous aimez est important afin d'être rigoureux dans la pratique.

→ **Mon chien a-t-il la capacité pour pratiquer ce sport ?** La pratique d'un sport demande un effort physique à votre chien. C'est pourquoi il est recommandé de faire un contrôle vétérinaire avant de démarrer et de

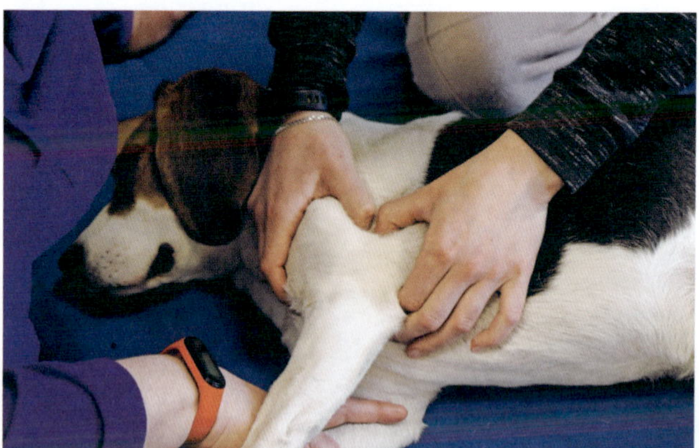

Un check-up ostéopathe et vétérinaire est indispensable avant de commencer un sport canin

Le cani-VTT est une activité physique intense pour le chien comme pour l'humain !

proposer à votre chien des séances chez l'ostéopathe plusieurs fois par an. Dans certains cas, l'alimentation devra être modifiée pour permettre au chien d'être en bonne santé physique.

→ **Quel chien pour quel sport ?** En réalité, tous les chiens peuvent pratiquer tous les sports, dès lors qu'ils en ont les capacités physiques. Néanmoins, ils ne seront peut-être pas excellents dans la pratique de tous les sports. Un Chihuahua ne pourra pas tirer un traîneau, un Bouledogue français ne sera peut-être pas capable de courir en été, un Montagne des Pyrénées n'excellera probablement pas comme un Border Collie à l'agility...

→ **Le coût financier :** certains sports demandent un investissement financier important, comme le traîneau. C'est à prendre en compte pour choisir l'activité qui vous correspondra.

Le choix d'un sport se met donc en place en fonction de votre motivation, des capacités de votre chien et de votre mode de vie.

Donner une friandise à son chien permet de renforcer un comportement

# CHOISIR LA BONNE RÉCOMPENSE POUR MOTIVER SON CHIEN

Savoir motiver son chien et trouver ce qu'il aime est un indispensable en éducation et également dans la pratique d'un sport. Pour savoir ce que votre chien aime, vous devez apprendre à découvrir ce qui motive votre chien.

## Qu'est-ce qu'un renforçateur positif et pourquoi est-ce important ?

Un renforçateur est un élément qui peut être ajouté après la production d'un comportement ou qui découle du comportement en question. Par exemple, votre chien revient vers vous, vous lui donnez une friandise : le renforçateur ici est la friandise. De plus, votre chien se gratte, ici le renforçateur découle du comportement, car en se grattant, il se soulage. Il s'agit ici d'un comportement auto-renforcé.

Pour renforcer un comportement, un renforçateur devrait être positif (le chien l'aime), mais il arrive que l'on pense utiliser un renforçateur ou une récompense, mais que le chien ne l'aime pas. Par exemple, certains chiens n'apprécient pas la caresse ou certains maîtres ne veulent pas que leur chien apprenne avec des friandises, de peur d'en être dépendant.
Il est donc nécessaire de trouver le bon renforçateur positif, que votre chien aimera, afin de créer de la motivation et de respecter son bien-être lors de l'entraînement.
La liste peut être très longue car votre chien peut vouloir beaucoup de choses : la nourriture, les caresses, un jouet, une liberté, la rencontre avec un copain chien, l'accès à votre canapé, etc. Tous ces renforçateurs sont utilisables, mais ils peuvent aussi varier en fonction de l'état physiologique du chien s'il a faim, il aura plus de motivation avec une friandise, s'il veut faire pipi, il sera plus motivé par l'idée de sortir.

## Que risquez-vous en utilisant le mauvais renforçateur ?

En utilisant une récompense que votre chien n'aime pas, vous réalisez en fait une punition, qui aura pour effet de faire diminuer le comportement que vous souhaitiez récompenser. Par exemple, si vous caressez votre chien après un rappel, mais qu'il trouve cela désagréable, votre rappel fonctionnera de moins en moins. C'est un repère pour savoir si votre renforçateur est le bon : si le comportement a tendance à augmenter, c'est que votre chien l'apprécie ; si l'inverse se produit, c'est que le choix du renforçateur n'est pas idéal.
L'autre façon de savoir si votre chien aime ou non un renforçateur est de comprendre les signaux d'apaisement qu'il émet. Les signaux d'apaisement sont des comportements que votre chien produit pour manifester un stress ou un inconfort.
Ils dépendent de la situation, mais cela peut se traduire par des bâillements, des léchages de truffe, des détournements de tête ou de regard...

Un chien qui se lèche la truffe exprime un inconfort

Pour garder l'exemple de la caresse, vous constaterez peut-être que votre chien l'a appréciée à certains moments, à certains endroits et par certaines personnes et vous pourrez alors optimiser son utilisation dans le processus éducatif. Il est également possible, quand vous caressez votre chien, de faire des petites pauses toutes les 5 ou 10 secondes, mais de laisser votre main à disposition et d'observer si votre chien vous réclame à nouveau des caresses ou s'il profite de cette pause pour se désengager du contact.
Pour finir, il faut savoir aussi que la rareté d'un renforçateur crée sa valeur. Des friandises proposées à profusion perdront de leur intérêt. Il est donc nécessaire que vous vous adaptiez.

## Comment trouver le bon renforçateur ?

Vous l'aurez compris, c'est avant tout le chien qui décide de son renforçateur. De votre côté, en maîtrisant le processus, vous optimisez son éducation. Tous les renforçateurs n'ont pas la même valeur pour votre chien. Par exemple, l'appétence, la disponibilité de la friandise et l'état de satiété de votre chien induiront des motivations différentes. Attention néanmoins, il ne faut pas affamer votre chien pour le motiver, cela induirait un stress intense pour lui, ce qui, en plus d'être négatif, le limitera dans son apprentissage. L'éducation de votre chien est avant tout une histoire d'équilibre permanent.

### LES FRIANDISES, UNE DÉPENDANCE SUR LE LONG TERME ?

La friandise a comme avantage majeur d'être appréciée par tous les chiens et ce, toute leur vie, car tous les chiens ont besoin de manger pour vivre. Mais il arrive qu'ils soient trop stressés pour manger, ou qu'ils l'associent à quelque chose de négatif, ou même que l'environnement ait plus de valeur que la friandise. Il faut donc savoir utiliser correctement cet outil.
Sur le long terme, la friandise a pour objectif d'être supprimée ou fortement diminuée. Une fois l'apprentissage acquis par votre chien, il ne sera plus nécessaire de donner autant de friandises. Parfois, la pratique même de l'activité enseignée devient le plaisir et donc la motivation. Par exemple, utiliser des friandises pour apprendre à son chien à entrer dans un tunnel en agility peut être nécessaire, jusqu'à ce que le chien associe le tunnel à une activité plaisante ! Ainsi, même si la friandise sera un outil éducatif tout au long de la vie de votre chien, chaque acquis avec une friandise ne nécessite pas forcément son utilisation systématique sur le long terme.

La caresse n'est pas toujours un bon renforçateur

# LA PRATIQUE D'UN SPORT NÉCESSITE DES BASES D'ÉDUCATION

Quand on souhaite pratiquer un sport avec son chien, la première phase est une phase d'apprentissage qui peut très vite devenir contraignante pour votre chien. Il faut donc bien s'y préparer. Voici quelques bases éducatives à maîtriser pour la pratique de la plupart des sports canins.

## FOCUS MAÎTRE

Que votre chien soit capable de se focaliser sur vous est une condition indispensable à son apprentissage. Voici quelques conseils pour y parvenir.

### Renforcer tous les bons comportements qui viennent de son chien

Par moments, sans que vous le demandiez à votre chien, ce dernier viendra vers vous et vous regardera. N'hésitez pas à le féliciter pour cela afin que ce type de comportement augmente. Sachez également que cela sera très fréquent chez les chiots, il faut donc profiter de cet attrait naturel chez votre chiot pour dynamiser cela au maximum.

**ATTENTION**

Il est nécessaire d'attendre la fin de croissance pour pratiquer la majorité des sports canins. Mais cette phase d'attente est une très bonne phase de préparation éducative, nécessaire pour votre chien.

Le focus maître, un essentiel à maîtriser

## Avoir une relation à valeur positive pour son chien

Les chiens sont des opportunistes, cela signifie qu'ils vont naturellement aller vers ce qui a le plus de valeur pour eux. L'idée ici est que vous, en tant que référent, vous ayez une valeur importante. Pour cela, il faut savoir que plus vous passez de bons moments avec votre chien, mieux c'est. De même, il est humain de se fâcher parfois, il ne faut pas culpabiliser, mais essayer de comprendre comment on peut rétablir la situation. Si la majorité de vos interactions avec votre chien sont à valeur négative, vous risquez d'avoir un focus difficile à mettre en place. Il faut donc toujours équilibrer les choses.

## Utiliser ce que son chien aime

Nous l'avons vu, vous devez absolument apprendre à découvrir et utiliser ce que votre chien aime pour l'éduquer et le motiver. Ainsi, vous augmenterez la relation avec lui et son focus.

## APPRENTISSAGE DU FOCUS

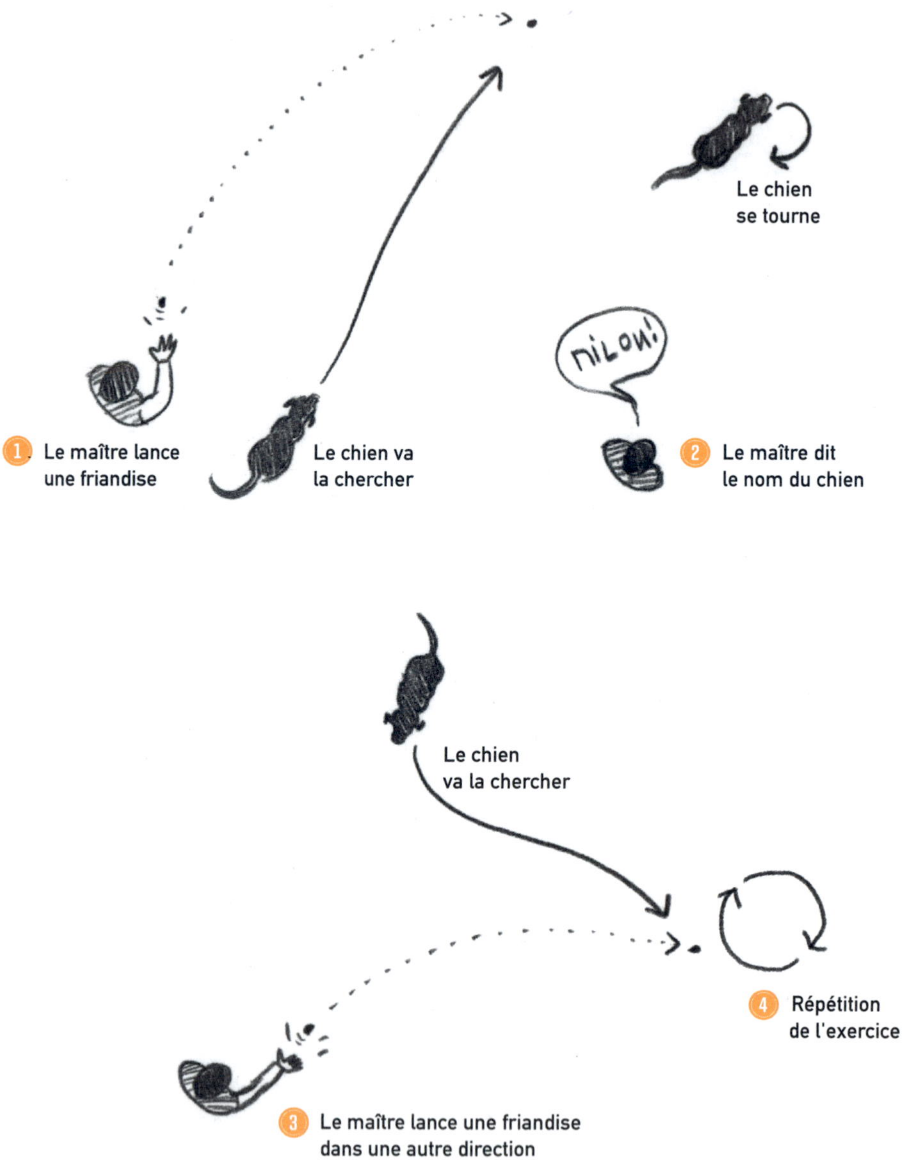

## Lui apprendre à être focus sur vous et entraîner cette compétence

Avoir un focus, comme tous les apprentissages, s'entraîne. Pour ce faire, commencez par travailler dans un environnement faible en stimulation, comme votre salon, puis augmentez la difficulté progressivement en fonction de la réussite de votre chien.

**Voici un exemple d'exercice à réaliser pour entraîner le focus de votre chien sur vous.**

- → Avant de commencer, équipez-vous de friandises que votre chien aime.
- → Lancez une friandise à 1 mètre de vous en l'ayant montrée à votre chien au préalable.
- → Quand votre chien a mangé cette friandise, dites son nom et quand il vous regarde, jetez une nouvelle friandise et répétez cette séquence afin de la fluidifier. Si votre chien a un signal qui annonce l'arrivée d'un renforçateur, autrement dit s'il sait utiliser un marqueur, vous pouvez le placer au moment où votre chien vous regarde.
- → À force de répéter la dernière étape, vous constaterez que vous n'avez plus besoin d'appeler votre chien, mais qu'il vous regarde et revient vous de lui-même. À ce stade, vous avez entraîné votre chien à être focus sur vous. Il vous reste à présent à travailler cet exercice dans divers environnements.

Entraîner le focus maître est essentiel pour l'ensemble des interactions

L'attente, un apprentissage important en sport canin

# L'ATTENTE

Qu'un chien soit capable d'attendre est un apprentissage qui peut se révéler très utile dans la pratique d'un sport. De plus, d'un point de vue émotionnel, un chien entraîné à attendre dans des environnements parfois stimulants entraîne sa compétence à se calmer, ce qui est un avantage certain au quotidien. Voici quelques conseils pour apprendre à votre chien à attendre.

## Apprendre à renforcer correctement son chien

Très souvent quand on travaille avec des friandises ou des jouets, le chien se montre très excité. Cela peut rendre l'apprentissage de l'attente, et plus généralement du calme, compliqué. Néanmoins, avec la bonne technique, vous parviendrez à apprendre à votre chien à attendre et même à se calmer, malgré la présence de friandises.

Pour ce faire, il faut maîtriser le concept des schémas de renforcement, c'est-à-dire la façon dont le renforçateur (ici la friandise) arrive au chien. En effet, si vous lancez la friandise en l'air, cela excitera votre chien et l'incitera à bouger pour sa récompense. Cela peut être très pratique pour renforcer un rappel mais absolument pas pour travailler l'attente. Vous devrez donc apprendre à votre chien que, parfois, la friandise arrive à lui sans qu'il ait besoin de bouger une oreille. Nous allons voir comment.

## Apprendre l'attente

Voici la technique pour apprendre à votre chien à attendre en utilisant le bon schéma de renforcement.

- Prenez des friandises et quand votre chien est à côté de vous, statique, apportez-lui une friandise. Votre mouvement doit être fluide et vous devez être plutôt calme. Dans l'idéal, votre poing doit être fermé durant le déplacement de votre main.
- Une fois que votre main arrive au niveau de la gueule de votre chien, ouvrez la main à plat pour lui permettre de manger sa friandise. Recommencez cet exercice plusieurs fois de suite.
- Quand vous sentez que votre chien est capable d'attendre quelques secondes, de plus en plus longtemps entre deux friandises, vous pouvez alors placer le signal verbal comme « attends » et augmenter la difficulté par étapes, en fonction de la réussite de votre chien. C'est ce que nous verrons dans le conseil suivant.

La friandise est présentée dans la main à plat, au niveau de la truffe du chien

## Augmenter progressivement le niveau

Quand on apprend l'attente à son chien, il est très important d'avancer progressivement. Voici les recommandations pour augmenter le niveau :

→ **Niveau 1 :** Le chien doit être à côté de vous et savoir attendre sur 2 ou 3 secondes seulement.

→ **Niveau 2 :** Augmenter la durée de cette attente, tout en restant à côté de lui.

→ **Niveau 3 :** Quand vous parvenez à le laisser statique au moins 15 secondes, commencez à faire un pas de recul, en augmentant la distance progressivement en fonction de sa réussite.

→ **Niveau 4 :** Quand le temps et la distance sont suffisamment travaillés, vous pouvez ajouter des distractions.

→ **Niveau 5 :** Ensuite, il vous est possible de diversifier les endroits pour généraliser cet apprentissage.

### LES TROIS ERREURS À ÉVITER

- **Vouloir aller trop vite.** Il est important de ne pas chercher à augmenter le niveau si votre chien est en échec. Il faut vraiment évoluer en fonction des capacités de votre chien. Il est préférable d'aller lentement mais d'avancer que de vouloir aller trop vite et d'échouer.
- **Dire le nom du chien.** Souvent, quand vous vous éloignez de votre chien, vous pouvez avoir tendance à dire son nom. Or, cela a pour effet de le rappeler à vous. De même, si votre chien regarde ailleurs et que vous l'appelez, il se mettra à bouger. S'il regarde ailleurs, ou même s'il change de position, il n'y a aucun problème. En revanche, s'il avance, il faudra recommencer l'exercice en le facilitant.
- **Revenir trop frontalement.** Certains chiens seront assez gênés si, quand vous revenez vers eux, votre approche est trop frontale. Pour ces chiens-là, revenez en réalisant une courbe et éventuellement, mettez en parallèle en place un travail pour désensibiliser votre chien. Si besoin, faites-vous aider d'un éducateur canin bien formé !

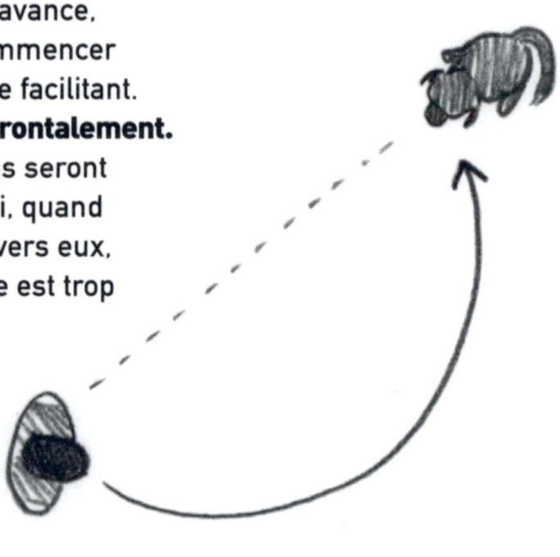

Le chien est assis et le maître revient vers lui en réalisant une courbe

# LES AUTOCONTRÔLES

Les autocontrôles sont des mécanismes que votre chien est censé avoir s'il a eu un bon développement avec sa mère, qui lui permettront de savoir réguler ses états d'excitation. Vous pourrez les renforcer durant son éducation, mais il ne faut pas confondre contrôle et autocontrôle. Le contrôle, c'est quand vous stoppez votre chien pour qu'il se calme, alors que l'autocontrôle, c'est quand votre chien sait se calmer tout seul dans une situation qui le nécessite. Pour permettre à un chien d'avoir de bon autocontrôle voici quelques conseils :

## Adopter son chiot au bon moment et de la bonne façon

En France, l'âge légal d'adoption est de 8 semaines, et il est extrêmement important de laisser les chiots avec leur mère durant les premières semaines de vie. De plus, vous devez vous assurer que la mère est elle-même équilibrée. Pour cela, il est nécessaire de pouvoir voir la mère lors de votre visite à l'élevage.

Les auto-contrôles s'apprennent dès les premières semaines, avec la mère

## Continuer d'optimiser les autocontrôles notamment à travers le jeu entre chiens

Une fois l'adoption réalisée, il est important que soyez conscient que votre chiot est encore en train d'apprendre. C'est pourquoi vous devrez lui permettre d'avoir des contacts réguliers avec d'autres chiens. Attention, ces contacts doivent avant tout être qualitatifs. Pour savoir si une rencontre de jeu entre chien est équilibrée, vous devez observer ces quelques règles :

- → les chiens doivent changer de rôle dans leur séance de jeu
- → ils doivent faire des pauses lors de leur séance
- → le niveau d'excitation général des chiens doit diminuer progressivement durant la séance.

Il est donc nécessaire de réfléchir au bon partenaire de jeu pour votre chien. Tous les chiens ne sont pas faits pour s'entendre et la communication entre eux doit être fluide pour obtenir tous les bénéfices de leur interaction.

## Répondre correctement aux besoins de son chien

Un chien qui aurait trop d'énergie aura fatalement plus de mal à se calmer par lui-même. Voici une liste des différentes façons de dépenser son chien, mais chaque chien est unique et les conseils qui suivent doivent être adaptés au vôtre.

- → **la dépense physique :** une balade en libre ou en longe tous les jours
- → **la dépense mentale :** des exercices éducatifs acquis en méthode positive régulièrement
- → **la dépense masticatoire :** des jouets ou des friandises de mastication de qualité à disposition quotidiennement
- → **la dépense sociale :** côtoyer des congénères, en mettant la qualité plus que la quantité, entretient la socialisation de votre chien tout au long de sa vie
- → **la dépense olfactive :** laisser son chien renifler les odeurs en balade ou lui donner ses croquettes dans un tapis de fouille ou dans l'herbe est une bonne option.

### À SAVOIR

Quand un chien renifle, cela le calme : cette activité baisse instantanément son rythme cardiaque.

## FOCUS TÂCHE

En sport canin, votre chien devra savoir être focalisé sur vous, mais aussi sur une tâche, une mission que vous lui donnerez : passer dans un tunnel, faire le tour d'une cible, aller chercher quelque chose, ou prendre une direction... Cette compétence se nomme le focus tâche doit absolument être entraînée.

### Travailler des demandes à distance

Tous les apprentissages qui permettront à votre chien de prendre de la distance avec vous entraînent le focus tâche : lui apprendre à aller au panier, à faire le tour d'une cible, à rapporter un jouet, à réaliser des commandes (comme assis ou couché) à distance, cibler les pattes sur une plateforme placée au départ à côté de vous, puis à distance, etc.
Nous verrons certains de ces apprentissages dans les chapitres suivants.

Pour pratiquer une activité sportive, le chien doit savoir se concentrer sur une tâche

## Comprendre le principe de la zone de renforcement

Nous l'avons vu, la façon dont le renforçateur arrive est un élément essentiel durant l'éducation de votre chien. Pour entraîner le focus avec cette logique, il est important d'apprendre à votre chien que la friandise ou le jouet ne vient pas toujours de vous. Voyons en détail la technique avec une friandise :

- Munissez-vous de deux gamelles que vous placerez à une distance d'environ 1,50 m-2 m.
- Placez une friandise dans la première gamelle et placez-vous vers la seconde. Dès que votre chien regarde, placez une friandise dans la seconde gamelle et répétez cette séquence.
- Une fois que le mouvement précédent est fluide, n'attendez plus que votre chien regarde pour placer une friandise. Vous devriez constater que votre chien, même s'il ne vous a pas vu placer la friandise, se dirige quand même vers la deuxième gamelle.
- Placez les gamelles de plus en plus loin pour pouvoir ensuite intégrer cette technique à des exercices.

## Travailler l'autonomie de son chien

Pour aider votre chien à être plus autonome, afin que son focus tâche s'améliore, laissez-lui pratiquer quotidiennement des activités telles que la mastication ou la recherche de friandise.
Si votre chien a du mal à se détacher de vous, n'hésitez pas à faire appel à un éducateur canin.

Les jeux d'intelligence comme celui-ci permettent de travailler l'autonomie

Les chiens apprennent entre eux, par imitation

## Familiariser

Il est extrêmement important que votre chien soit correctement familiarisé aux environnements qu'il rencontre durant la pratique d'un sport. En fonction du sport que vous pratiquerez, il faudra vous poser la question de la socialisation de votre chien.
Devra-t-il être habitué à voir d'autres chiens en laisse, ou en libre ? Devra-t-il être habitué à être en voiture ? Ou à se concentrer dans une salle bruyante (comme c'est le cas en dog dancing, par exemple). Il devra peut-être, si vous faites des compétitions, être habitué à la foule. Posez-vous ces questions pour préparer au mieux votre chien dès son plus jeune âge.

Tous ces apprentissages sont fondamentaux pour pratiquer un sport. Ils sont à adapter et peuvent évidemment être complétés. Pratiquer des exercices de proprioception (exercices qui permettront à votre chien de prendre conscience de son corps dans l'espace) est essentiel, nous en reparlerons plus loin.

Pour l'apprentissage de toutes ces compétences, il est fortement conseillé de faire appel à un éducateur canin, bien formé, qui vous accompagnera durant le processus d'apprentissage et qui vous coachera afin de mettre toutes les chances de votre côté.

# LES ESSENTIELS POUR BIEN COMMENCER LE SPORT

Pour pratiquer un sport, votre chien doit être capable d'apprendre de nouvelles choses. Or, apprendre de nouveaux comportements à votre chien nécessite de maîtriser certaines techniques.

## Maîtriser les techniques d'apprentissage

→ **Technique n° 1 : le leurre.** Apprendre à un chien à suivre un leurre, comme votre main, lui permettra de réaliser le comportement que vous souhaitez lui apprendre. Cette technique est détaillée plus largement à la page 34. Votre chien doit pouvoir vous faire confiance si vous utilisez cette technique. En le leurrant, ne lui faites pas peur en le faisant passer par des endroits instables ou surprenants, s'il n'a pas été préparé auparavant.

→ **Technique n° 2 : le shaping.** Cela consiste à laisser votre chien proposer des comportements et à renforcer tous les comportements qui se rapprochent du comportement final attendu. Ne renforcez pas toujours le même comportement pour pousser votre chien à vous proposer plus, ce qui le ferait stagner. Plus un chien est habitué à cette technique, plus l'apprentissage sera rapide.

→ **Technique n° 3 : la capture.** Cela consiste à attendre que votre chien produise le comportement sans que vous ne l'ayiez demandé (par ex., félicitez votre chien quand il va dans son panier de lui-même), et à le renforcer. C'est très pratique pour certains comportements difficiles à obtenir, comme gratter le sol ou faire ses besoins dehors.

### BONUS : TRAVAILLER AVEC UN AUTRE CHIEN MODÈLE

Les chiens apprennent beaucoup entre eux. Vous pouvez dans certains cas vous servir d'un chien modèle. Par exemple, un chien très heureux de passer dans un tunnel d'agility donnera l'exemple à un chien plus réticent.

Page de droite : félicitez votre chien quand il va dans son panier de lui-même

Apprendre le panier à un chien permet de lui faire travailler le focus

Quand votre chien maîtrise un exercice, augmentez progressivement la distance entre vous deux

## Entraîner un comportement pour le fluidifier

Quand vous êtes parvenu à produire un comportement, il faut le fluidifier et pour cela, il faut le répéter. Pour ce faire, il existe la technique du loopy training, qui consiste à entraîner un comportement en créant une boucle : le premier comportement doit aussi être le dernier.
Par exemple, pour apprendre à votre chien à aller au panier, vous pouvez le leurrer pour qu'il y aille, le féliciter en jetant la friandise au sol en dehors du panier et pouvoir ainsi leurrer à nouveau pour qu'il aille au panier.
En répétant cette boucle, vous fluidifiez le comportement et l'apprentissage se met en place rapidement.

## Mettre ce comportement sous signal

Après avoir fluidifié le comportement, vous pouvez à présent ajouter le signal, c'est-à-dire indiquer à votre chien le mot qui l'incite à le réaliser. Très souvent, on commet l'erreur de mettre le signal dès le début, ce qui crée de la confusion car le chien se fie davantage à votre gestion qu'à vos mots.
C'est juste avant que le comportement ne soit produit que vous pouvez donner le signal à associer au comportement. Choisissez un signal clair et toujours identique.

## Augmenter la difficulté en utilisant la règle des 4D

À ce stade, vous pouvez augmenter la difficulté d'un apprentissage.
Pour cela, on augmente quatre paramètres (c'est la règle des 4D) :

- distance (entre le chien et vous)
- durée (du comportement)
- distraction (éléments plus ou moins stimulants dans l'environnement)
- diversification (on travaille dans divers environnements pour généraliser l'apprentissage partout où cela est nécessaire).

Chacun de ces critères doit être inclus progressivement et à chaque introduction d'un nouveau « D », baissez les trois autres avant de tout augmenter d'un coup.
Un exemple est donné page 23 pour la technique de l'attente.

## Savoir leurrer

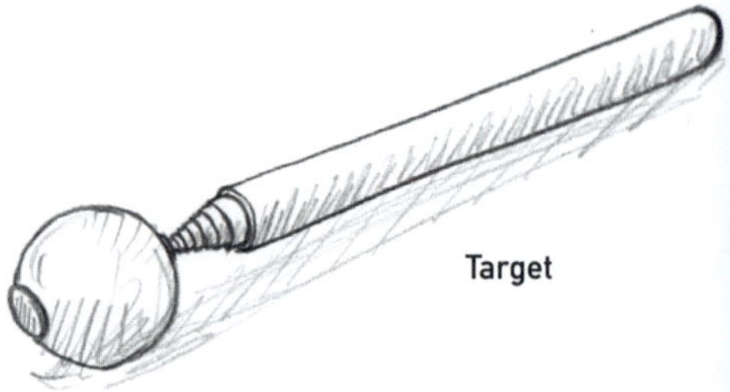

Target

Beaucoup de nouveaux comportements s'apprennent grâce au leurre. Nous utiliserons très souvent cette technique dans ce livre, car elle est accessible à tous. Le leurre consiste à apprendre à son chien à suivre une cible (par exemple votre main tenant une friandise, ou une cible appelée aussi « target ») pour qu'il réalise un nouveau comportement.

Typiquement, pour apprendre le assis à votre chien, placez votre main, tenant une friandise, devant sa truffe et levez la main en directement des oreilles. Votre chien suivra votre main et s'assiéra naturellement.

Si votre chien a du mal à suivre un leurre, vous pourrez obtenir une meilleure concentration et leurrer sans avoir la friandise dans votre main. Cela peut être extrêmement pratique quand on veut calmer certains chiens très impulsifs en présence de nourriture.

→ Placez votre main de façon à la présenter clairement à votre chien, une friandise entre vos doigts.

→ Placez votre main au niveau de la truffe de votre chien et avancez très légèrement votre main en avant. Si votre chien suit votre main, félicitez-le en lui donnant la friandise, main à plat.

→ Augmentez la distance et les mouvements de votre leurre

Pour leurrer, la friandise se place au niveau de la truffe du chien

**ASTUCE**

Si votre main est toujours placée de la même façon quand vous voulez que votre chien la suive, vous pourrez rapidement leurrer sans friandise et ainsi baisser le niveau d'excitation de votre chien. Pour plus de clarté, il est important de ne jamais rendre accessible la friandise pour votre chien quand votre main est ainsi positionnée, mais bien placer la main à plat. Ce faisant, votre chien fera la distinction entre suivre la main et prendre la friandise, ce qui évitera aussi les mordillements.

## Savoir utiliser un marqueur

Le marqueur est un signal qui annonce l'arrivée d'un renforçateur (comme un jouet ou une friandise) de façon systématique. C'est une promesse que l'on fait à son chien pour lui dire que la récompense arrivera suite à son comportement. C'est pourquoi, si vous marquez par erreur, il sera important de donner la récompense à votre chien malgré tout et faire en sorte d'être le plus coordonné possible pour limiter les erreurs en tant que conducteur.
L'intérêt d'utiliser un marqueur est de pouvoir être précis et clair pour votre chien quand un comportement est validé.
Le marqueur peut être un clicker, un mot ou un geste (pour les chiens sourds, notamment). L'important est que ce mot soit bref (une syllabe), neutre, toujours identique et toujours suivi d'un renforçateur. Ici, nous utiliserons tout simplement « Oui ! ». Vous pouvez également dire « Yes ! » pour le différencier du « Oui » de tous les jours.
Au démarrage d'un apprentissage, le marqueur doit être placé à l'instant précis où le chien produit le comportement que vous souhaitez entraîner. Puis, une fois l'apprentissage abouti, si vous voulez par exemple travailler la durée d'un comportement, attendez quelques secondes que le chien tienne le comportement et marquez, pour libérer du comportement et donner la récompense.
Le marqueur est une technique extrêmement pratique, au quotidien et pour la pratique de sport canin, quand elle est maîtrisée, mais elle demande un certain entraînement pour vous.

# PRENDRE SOIN DE SON CHIEN

**Les chiens sont faits comme les humains, de chair et d'os, et comme nous, ils peuvent se blesser. Même si votre chien semble sportif et robuste, il peut comme vous souffrir de différents maux, qui vont de la simple contracture musculaire à l'accident cardiaque, en passant par la rupture des ligaments croisés…**

## LES FACTEURS DE RISQUE

Le but n'est pas ici de vous effrayer, mais simplement de vous alerter sur le fait que, comme nous, les chiens ont besoin d'un entraînement progressif, avec un échauffement et des temps de récupération. Il est de notre responsabilité de faire attention à respecter leur fatigue physique et mentale, ne pas les entraîner lorsqu'il fait trop chaud, par exemple.

### La race et la morphologie

Certains chiens sont plus à risques que d'autres, et certaines activités plus sollicitantes pour l'organisme. Certains physiques de chiens sont plus adaptés que d'autres aux sports à impact. Les chiens légers, de taille petite ou moyenne, supporteront mieux les sauts ou les courses, tout simplement parce qu'ils ont moins de poids sur leurs articulations. Cela ne veut pas dire que les autres ne peuvent pas pratiquer des sports comme l'agility ou le canicross, mais qu'il faudra sans doute être plus prudent, bien échauffer le chien avant effort, qu'il saute moins haut, moins souvent...

Si votre chien est en surpoids, réduisez les efforts que vous lui demanderez, car ses articulations risquent de souffrir davantage, et il aura moins de souffle. Faire une activité l'aidera certes à mincir, mais dans un

Adaptez votre pratique pour un chien âgé ou de gros gabarit

premier temps, il vaut mieux privilégier les balades ou longues marches, et vous mettre au sport uniquement lorsqu'il aura perdu du poids.

Les chiens dits brachycéphales (à nez court comme les Bouledogues) ont plus de difficulté à respirer et sont donc plus sujets à l'hyperthermie. Pour eux aussi, l'effort devra être moins intense.

Enfin, certains chiens peuvent avoir des pathologies qu'on ne soupçonnait pas. Les Cavaliers King-Charles, par exemple, ou Les Bouledogues Français, peuvent être sujets à des problèmes de cœur ou respiratoires ; les Bergers Allemands ou les Retrievers, à une dysplasie des hanches ou des coudes. Dans tous les cas, et quelle que soit la race de votre chien, avant de pratiquer un sport, il est recommandé de faire un petit bilan de santé chez le vétérinaire.

## L'âge

Il est déconseillé de commencer les sports qui incluent des courses, des sauts, des démarrages rapides ou de la traction (agility, frisbee, canicross) avant l'âge d'un an. Et même à un an, les sauts doivent être très réduits. En effet, le squelette du chien ne finit de se consolider que vers 18 mois (plus tard même pour les très grands chiens), et il n'est pas prudent de faire trop fonctionner les articulations quand elles sont encore cartilagineuses. On risquerait des blessures ou fragilisations entraînant plus tard de l'arthrose. Les jeunes chiens peuvent en revanche pratiquer le dog dancing, du hooper et faire des jeux de proprioception dès l'âge de 5 ou 6 mois.

## Les sauts

Votre chien, s'il n'a pas de problème de santé sous-jacent, court et saute sans aucun problème ! Il y a toutefois des sauts qui ne sont pas physiologiques, notamment lorsqu'il atterrit de trop haut. Dans ce cas, le chien, qui souvent saute en atterrissant sur les antérieurs, a tout son poids sur les poignets et les épaules. Contrairement à nous, il n'a pas de clavicule. Les pattes avant sont directement reliées au reste du corps par des muscles, des ligaments et des tendons. Cela le rend très souple, mais aussi très sujet aux blessures au niveau des épaules. À vous, donc, de faire attention à ce que votre chien n'atterrisse pas de trop haut.

Dans la plupart des sports, la hauteur n'est pas la difficulté principale, c'est la précision et la conduite qui représentent un challenge. Il ne sert donc à rien de faire des concours de sauts en hauteur. Si vous faites des sauts, veillez à placer la barre proportionnellement à la hauteur de votre chien (pas plus haute que son dos).

Une dernière précision : le chien n'est pas fait pour atterrir sur les pattes arrière. Cela risque de lui fragiliser tout le dos. Évitez donc de lui tenir un jouet en l'air, il risque de sauter verticalement et d'atterrir « en chandelle », c'est-à-dire sur les pattes arrière. Attention également lorsque vous lancez les jouets, à ne pas les lancer à la verticale, mais bien à hauteur de chien.

Évidemment, si votre chien présente un problème de santé, les sauts ne seront pas pour lui !

Bichons

Berger des Pyrénées

Border Collie

Bouvier

## LA HAUTEUR DES SAUTS SELON LES RACES

- 15 à 30 cm maximum pour un chien de moins de 35 cm (petits Terriers, Bichons, Caniches nains, Cavaliers King-Charles, Bouledogues Français, Shiba Inu…).
- 30 à 40 cm pour un chien de taille petite à moyenne (Beagle, Épagneul Breton, Berger des Pyrénées…)
- 40 à 50 cm pour un chien de taille moyenne à grande (Berger Australien, Border Collie, Malinois, Berger Allemand…).
- Pour les très grands chiens (Cane Corso, Bouviers Bernois, Rottweiller…), préférez des barres plus basses, car ils sont plus lourds.

## La fatigue et la chaleur

La fatigue peut être musculaire et/ou mentale. Observez bien votre chien. Certains auront tendance à arrêter d'eux-mêmes, d'autres auront beaucoup de mal à se stopper si vous ne le faites pas pour eux. Ils pourraient se mettre en danger. Le but serait, pour la catégorie des chiens qui déclarent facilement forfait, d'arrêter avant qu'ils en aient assez (faites une pause après 2 ou 3 minutes), afin de toujours garder leur motivation intacte. Et pour les foudres de guerre, veillez à instaurer des pauses régulièrement (toutes les 5 à 10 minutes).

Souvent, quand on pratique un sport avec le chien, on court bien moins que lui (à part en canicross, bien sûr) ! On ne se rend pas compte de son effort, mais il est bien réel ! Alors, même si votre chien a l'air de vouloir continuer, faites des pauses lorsqu'il halète fort, ou lorsqu'il ralentit, se met à hésiter à faire l'exercice ou à sauter moins bien. Ne tentez jamais de le pousser lorsque vous voyez l'un de ces signes de fatigue. Surtout s'il fait chaud ! Pensez à prévoir de l'eau à disposition et un coin d'ombre pour se reposer en cas de chaleur. Le chien craint bien plus les fortes températures que nous, car il n'a quasiment que sa langue pour évacuer le trop-plein de chaleur (il ne transpire pas au niveau de la peau). Dès 20 °C, pour certains chiens, il faut déjà être très attentif. Mouillez-le régulièrement, faites des pauses, vous éviterez ainsi les coups de chaleurs, qui peuvent s'avérer très dangereux.
En général, on déconseille de pratiquer un sport « à impact » tous les jours. Pour les chiens peu motivés, cela pourrait faire trop mentalement. Et pour les chiens très motivés, une hyperactivité n'est pas bonne. Gardez-vous au moins deux jours « calmes » dans la semaine. Vous pourrez alors bien sûr faire des activités, mais moins sollicitantes que les sports. Mieux vaut une bonne balade dans les bois, ou des jeux de recherche (cachez un jouet ou des friandises dans la maison/le jardin) qu'un jeu excitant tous les jours. Évitez également trop de répétitions d'un même exercice. Pour certains chiens, 2 ou 3 répétitions sont largement suffisantes. Et pour ceux qui ne s'arrêteraient jamais, forcez-vous à ne pas répéter plus de 5 ou 7 fois le même exercice.

Un exemple de jeu de recherche : chercher une odeur dans des boîtes

Prévoyez toujours de l'eau pour votre chien

## L'ÉCHAUFFEMENT POUR LES SPORTS LES PLUS DYNAMIQUES

Si vous avez un jardin, la tentation est forte de sortir le chien du salon et de faire directement un peu d'agility, ou simplement de lui lancer la balle. Or, tout comme nous, un chien a besoin d'un échauffement physique avant de faire un effort violent. Bien sûr, pour trottiner dans le jardin, pas besoin d'échauffement. Mais si votre chien court vite, tourne, saute, alors il faudra prendre 10 minutes pour l'échauffer afin de prévenir les risques.

En quoi consiste un échauffement ? L'idéal est de faire marcher ou trotter votre chien (mais pas courir vite) 5 à 10 minutes avant de commencer. Cela a aussi le mérite de rallonger en plus son temps d'occupation, et donc de rendre sa séance de sport encore plus intéressante ! Le mieux est de sortir, faire un petit tour de pâté de maison avant de commencer à jouer. C'est ainsi que mes voisins me voient souvent parcourir les rues

Étirement de la colonne vertébrale

avec mon sac à frisbee sur le dos ! Cinq minutes de marche en laisse, ou de trot tranquille en liberté en fonction de votre chien et de votre environnement constituent déjà une bonne base. Vous pouvez aussi simplement le faire marcher dans le jardin, à la recherche de deux ou trois croquettes semées dans l'herbe, par exemple. Amusez-vous ensuite à faire passer votre chien entre vos jambes avec une friandise en décrivant un 8. (Si vous ne savez pas faire, rendez-vous au chapitre sur le dog dancing !). Cet exercice a le double mérite d'assouplir les articulations et la colonne vertébrale, et de commencer à concentrer votre chien sur vous et sur son exercice. Vous pouvez ensuite lui faire faire des tours sur lui-même, ou le tour d'un plot, d'un pot de fleurs, d'un arbre. À l'aide d'une friandise, vous pouvez ensuite attirer sa tête en direction de sa queue afin de lui étirer la colonne. Attention bien sûr de ne pas forcer le mouvement. Vous irez jusqu'où le chien peut aller, selon sa souplesse actuelle...

Après 5 ou 6 répétitions de chaque, je vous invite enfin à lui demander de s'asseoir puis se relever 5 fois, afin de bien faire fonctionner les cuisses (idéalement, il devrait s'asseoir le plus « droit » possible, avec les pattes arrière et les hanches pas trop écartées. S'il a les pattes très « en canard », dispensez-vous de cet exercice, car ça pourrait trop tirer sur ses hanches).

Après ce petit échauffement, vous serez tous les deux d'attaque pour commencer les choses sérieuses !

Les cavalettis sont des barres basses à franchir au pas ou au trot

Exercice d'équilibre pour chien confirmé

## LA PROPRIOCEPTION

La proprioception est simplement la conscience de son propre corps. La plupart des chiens ont peu conscience de leurs pattes arrière, qui sont juste « des trucs qui traînent ». Certains appréhendent de marcher sur différentes matières. Afin d'aider votre chien à mieux gérer son corps (ce qui est primordial quand on pratique un sport), vous pouvez lui faire faire des exercices de proprioception entre deux séances de sport. Ces jeux peuvent même être faits avec des chiots.

→ Dehors, placez des obstacles très bas que le chien devra franchir sans les bousculer : un tuyau d'arrosage emmêlé au sol, des piquets/manches à balai/barres d'obstacles placés au sol au hasard comme un mikado ou alignés sous forme de « mini-obstacles ».
À l'aide d'une friandise, incitez votre chien à passer à travers ce mikado. Si au début il touche toutes les barres, ça n'est pas grave. Récompensez quand même son effort. Petit à petit, vous récompenserez quand il touchera de moins en moins les obstacles. Il deviendra peu à peu plus agile.

→ Organisez un parcours de confiance. Placez différents ustensiles de différentes textures au sol et fabriquez ainsi un petit chemin de découverte sensorielle. Par exemple, une planche en bois posée au sol sur un caillou (donc légèrement instable), du papier bulle, un couvercle de poubelle, une couverture de survie, une bassine... Guidez votre chien très progressivement dans ce parcours. Pour certains, ça sera très facile ; pour d'autres, il s'agira d'un véritable parcours du combattant. Surtout, ne brusquez pas votre chien. Encouragez-le à avancer à son rythme en récompensant chaque effort. Si un obstacle ou une matière est trop compliqué pour lui, changez de support, vous pourrez y revenir quand il sera plus à l'aise. S'il va trop vite, c'est peut-être qu'il est mal à l'aise et veut se débarrasser de l'exercice. Ralentissez-le à l'aide de friandises, en récompensant chaque obstacle, et changez de matière s'il le faut.

→ En dernier exercice, aidez votre chien à distinguer ses pattes avant de ses pattes arrière. La première étape consistera à lui apprendre à mettre les pattes avant sur un petit support – la hauteur maximum = la moitié de sa patte. Commencez par un support assez bas, large et stable pour plus de facilité. Encouragez-le à mettre déjà une patte dessus. Quand il y arrive, dites « Oui » et récompensez-le. Quand ça devient facile, il pourra mettre

une deuxième patte. S'il met les deux pattes tout de suite, tant mieux ! Vous lui apprendrez alors à rester dans cette position quelques secondes – d'abord 2 secondes, puis augmentez progressivement jusqu'à 10. Pour l'aider, vous pouvez récompenser plusieurs fois quand il reste en position (si jamais vous utilisez beaucoup de friandises, pas de problème, vous déduirez l'équivalent de sa ration du soir !).

→ Quand vous avez facilement cette position avec deux pattes avant surélevées et deux pattes arrière au sol, tentez l'inverse. Faites avancer votre chien jusqu'à ce qu'il mette les pattes arrière sur le support (il met les pattes avant, descend les pattes avant toujours en avançant, puis monte ses pattes arrière). Il se retrouve ainsi avec les pattes arrière surélevées et les pattes avant au sol. C'est beaucoup plus difficile, n'hésitez pas à utiliser un support plus large et bas ! De la même façon, récompensez une patte, puis deux, puis ajoutez quelques secondes de durée.

→ Ces deux positions (pattes avant surélevées et pattes arrière surélevées) représentent un bon exercice proprioceptif, et commencent également à muscler le chien (tout son poids est sur l'avant ou l'arrière). Évitez trop de répétitions (2 à 10 selon le chien) et ne lui faites pas garder la position trop longtemps (2 à 10 secondes), car cela peut être fatigant, physiquement et/ou mentalement, pour un chien non entraîné.
Quand votre chien maîtrise les deux, proposez-lui de faire les deux en même temps : pattes avant sur un petit marche-pied et pattes arrière sur un autre.

# LE BON SPORT POUR SON CHIEN

# 1

**L'AGILITY** est l'un des sports canins les plus populaires. Il s'agit de guider son chien sur un parcours d'obstacles comprenant des haies, des tunnels, un pneu et un slalom, ainsi que des obstacles dits à zone sur lesquels le chien monte, comme la passerelle ou le A. Ici, nous aborderons uniquement les sauts et les tunnels, qui permettent d'acquérir la base de la conduite, sans nécessiter trop d'espace ni de matériel.

Afin de mettre en valeur les capacités athlétiques du chien et sa capacité à suivre les indications de son maître, le parcours change à chaque épreuve, tout comme un jumping en équitation. C'est au maître d'apprendre par cœur le tracé et de guider son chien sur les bons obstacles. Le but de ce sport très ludique est de faire un parcours avec le minimum de fautes possible, le plus rapidement possible. Le tout, sans laisse bien sûr !
En France, on peut pratiquer l'agility dans des clubs canins et chez des professionnels. C'est le plus pratique si vous souhaitez bénéficier de tous les obstacles. Cependant, avec quelques agrès bien choisis, vous pourrez également vous amuser ou vous entraîner dans votre jardin.

## QUEL MATÉRIEL UTILISER CHEZ VOUS ?

Les obstacles d'agility ne se trouvent que très rarement dans les magasins. Vous pouvez en fabriquer ou acheter des kits tout prêts sur internet.
Avec des haies et des tunnels, vous avez déjà de quoi faire un joli parcours. Attention aux obstacles type passerelle vendus à bas prix, ils manquent souvent de stabilité et ne sont pas aux normes (une vraie passerelle coûte plus de 1 000 €). Les obstacles « loisir » à bas prix peuvent convenir au début lorsque le chien marche ou trotte, mais s'il va vite, ils peuvent devenir dangereux et mieux vaut s'en passer.

### Les haies

La haie est constituée de deux montants reliés par une barre, qui doit être mobile afin de pouvoir tomber si le chien la tape, et large d'au moins 1 mètre. Il ne s'agit pas d'un concours de saut en hauteur, mais bien de conduite et d'agilité. Ainsi, dans le règlement, il existe plusieurs hauteurs de sauts en fonction de la taille du chien.

### À QUELLE HAUTEUR POUVEZ-VOUS FAIRE SAUTER VOTRE CHIEN ?

Il existe des hauteurs maximum à respecter en fonction de la taille du chien au garrot. Le garrot est la base du cou du chien, juste au-dessus des épaules :
- Catégorie S : chien de moins de 35 cm au garrot, saut de 30 cm
- Catégorie M : de 35 cm à 43 cm au garrot, saut de 40 cm
- Catégorie I : de 43 à 48 cm au garrot, saut de 50 cm
- Catégorie L : de 48 cm et plus au garrot, saut de 60 cm.

Attention toutefois aux chiens lourds (plus de 35-40 kg), je conseille fortement de les faire sauter à maximum 40 cm.

Tunnel d'agility de 6 mètres, fixé par des sacs

Commencez un peu plus bas, et ne dépassez pas les hauteurs indiquées dans l'encadré ci-contre. Et rappelez-vous qu'on évite de faire sauter un chien de moins d'un an ! Pour les jeunes chiens, on peut éventuellement commencer avec une barre au sol, pour leur apprendre la conduite sans l'impact des sauts.

## Les tunnels

Les tunnels font officiellement entre 3 et 6 m de long et 60 cm de diamètre, mais vous pouvez aussi acheter des tunnels d'1 m pour gagner de la place dans votre jardin. Je vous conseille d'acheter des tunnels pour chiens, qui sont sans doute plus chers que ceux en tissu que l'on peut trouver pour enfants, mais qui sont plus solides et ne s'entortillent pas si le chien fait demi-tour à l'intérieur. Ils doivent faire au moins 60 cm de haut pour que le chien n'ait pas à ramper à l'intérieur.

Pensez à fixer les tunnels avec des poids ou des sacs spécialement conçus, car lorsque le chien prend de la vitesse, il risque de se blesser si le tunnel est mobile (vous trouvez ces fixateurs appelés « sacs de lestage » sur internet). Si vous avez un chien puissant, le mieux est de commander des vrais tunnels d'agility, bien plus résistants.

La balançoire en agility est un obstacle complexe

## LES AVANTAGES ET LES INCONVÉNIENTS

- L'agility est un sport qui permet au chien de courir et de se défouler. Il demande une vraie complicité entre l'humain et le chien et de savoir gérer l'excitation de ce dernier : le chien doit en effet vous suivre avec précision, sans laisse. L'agility peut se pratiquer facilement dans un jardin, à condition de disposer d'un peu de place et d'un endroit plat. Si vous voulez vous perfectionner, vous trouverez sans doute un club près de chez vous.
- L'agility implique des sauts à répétition et parfois des changements de direction brusques. Il est donc plutôt destiné aux chiens athlétiques, qui ont besoin de se dépenser. Le chien doit être adulte et en bonne santé pour pratiquer sans risque.
- L'agility vous demandera de courir aussi, ce qui est à la fois un avantage, car c'est un sport pour vous aussi, et un inconvénient. Bien sûr, on peut pratiquer l'agility à distance en courant peu, mais l'apprentissage est alors plus complexe. Si vous ne pouvez pas courir, je vous conseille plutôt de vous tourner vers le hooper.
- L'agility est un sport qui exige du matériel et un terrain souple (en herbe). On ne peut donc pas le pratiquer n'importe où.

## COMMENT DÉBUTER CHEZ SOI ?

Tout d'abord, il va falloir apprendre au chien à être « conduit », c'est-à-dire guidé par vous. Pour cela, vous pouvez entraîner votre chien d'abord sans obstacle à suivre votre main. Utilisez toujours le bras qui est du côté du chien pour le guider.
Avec une friandise dans la main, par exemple, demandez-lui de vous suivre. Tenez votre main légèrement devant son museau, bras tendu sur le côté, et incitez-le à avancer. Le chien doit être sur votre gauche ou sur votre droite, au choix. Après un ou deux pas, s'il a bien suivi votre main, et avant qu'il ne se jette dessus, vous pouvez dire « Oui » et lui donner la friandise. S'il a tendance à trop coller votre main, vous pouvez lâcher la friandise au sol plutôt que de la lui donner directement. Faites cela plusieurs fois, en augmentant le nombre de pas. Lorsque vous avez fait quelques répétitions avec votre main droite, par exemple, changez de main et faites la même chose à gauche. Pour mémoire, vous utilisez votre main droite quand votre chien est à droite, et votre main gauche quand votre chien est à gauche (on dit d'ailleurs que le chien est à « main droite » ou à « main gauche ».)
Lorsque cela fonctionne bien, enlevez la friandise de votre main, et récompensez votre chien seulement après quelques mètres. Vous pouvez également faire la même chose avec un jouet, à condition qu'il aime ça et qu'il ne s'excite pas trop, pour garder sa précision !
Lorsque vous faites décrire un cercle à votre chien, pensez toujours à être à l'intérieur du cercle, et à le conduire avec la main qui est de son côté.

Avant de pratiquer l'agility, il faut apprendre à votre chien à suivre votre main, sans obstacles

Quand votre chien sait vous suivre sur une ligne droite et sur ces cercles à main droite et à main gauche, vous pouvez commencer à inclure des obstacles, en fixant la barre le plus bas possible. Vous augmenterez la hauteur de la barre au fur et à mesure.

Choisissez bien votre trajectoire pour que votre main passe par-dessus la haie et que vos pieds passent à côté (ne sautez pas la barre avec le chien). Au début, votre chien ne fera que suivre la main sans vraiment prendre conscience des obstacles. C'est normal. Cela se fera à force de répétition. Pensez à enlever assez vite la friandise de votre main pour ne le récompenser qu'après, afin que votre chien réalise mieux ce qu'il se passe ; sinon, il est hypnotisé par la friandise et ne comprend pas vraiment son action.

En agility, comme le chien est plus rapide que vous, vous devez toujours être à l'intérieur de la courbe. Commencez par mettre trois haies alignées, récompensez après chaque haie. Puis lorsque votre chien vous suit sans problème, vous pourrez faire un virage avec vos haies. Vous vous placerez alors à l'intérieur de la courbe. Pensez à travailler vos virages dans les deux sens (chien à gauche et chien à droite).

## QUE FAIRE SI…

- **Si votre chien a trop tendance à vous sauter dessus**
Ne le récompensez pas. Demandez-lui de vous suivre, et au bout d'un pas, avant qu'il ne saute, posez la friandise au sol. Le fait de voir la friandise par terre lui fera baisser la tête et évitera qu'il ne saute sur vous.

- **Si votre chien se désintéresse de vous**
Peut-être que votre friandise ou votre jouet n'est pas d'assez haute valeur par rapport à l'environnement. Choisissez quelque chose qu'il aime davantage, comme du jambon, du fromage, etc. Une fois qu'il est intéressé, vous pouvez lui donner trois de ces friandises d'affilée.

S'il ne baisse plus la tête entre deux friandises, commencez alors à marcher et récompensez-le au bout d'un ou deux pas. Faites toujours des séances très courtes, avec de nombreuses pauses, car si pour tout cela vous paraît simple, pour certains chiens, cela demande beaucoup de concentration.

Ici, Tinga saute « à main droite »

Le chien est à l'extérieur
de la courbe, on le dirige avec
le bras qui est de son côté

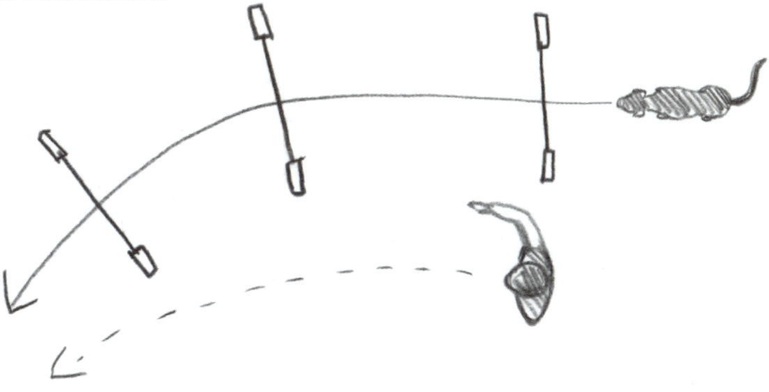

## EN AVANT

L'agility est un mélange de conduite (le chien vous suit, vous devez être devant ou au même niveau que lui) et d'autonomie (le chien va tout seul chercher les obstacles que vous désignez à distance), tout simplement parce qu'un humain pourra difficilement courir aussi vite que son chien. Vous allez devoir enseigner au chien à aller sauter tout seul les haies qui sont devant lui quand vous dites « en avant ! ». Pour cela, procédez comme suit :

### QUE FAIRE SI...

- **Votre chien n'est pas concentré/ ne va pas au bout**
  Réduisez les distances entre la gamelle/le jouet et lui. Assurez-vous que la récompense lui plaît (augmentez la valeur s'il le faut). Vous pouvez également vous faire aider par une personne qui montre la récompense en fin de parcours en appelant le chien.

- **Votre chien passe à côté**
  Réduisez les distances, reculez d'une étape. S'il passe à côté lorsque vous courez, pour venir vous sauter dessus ou vous courir après, refaites plusieurs fois l'étape sans bouger. Puis contentez-vous de marcher calmement pour que ça soit moins excitant.

→ Installez trois haies en ligne droite, à 3 m d'écart les unes des autres. Mettez la barre au sol ou à une très petite hauteur (10 ou 20 cm).

→ Mettez une gamelle avec une friandise dedans, ou un jouet, en fonction de ce que préfère votre chien, au bout de la ligne (haie n° 1).

→ Placez-vous derrière la haie n° 3 (c'est-à-dire la première, la plus proche du chien) en tenant votre chien au harnais/au collier, ou en lui demandant d'attendre assis (mais s'il ne sait pas faire ou si c'est trop dur avec la friandise devant, n'hésitez pas à simplement le tenir. Il faudra toutefois travailler votre « pas bouger » plus tard). Si vous avez un assistant pour agiter la gamelle ou le jouet, c'est encore mieux. Sinon, assurez-vous que votre chien a bien vu la récompense derrière la haie et qu'il a envie d'y aller. Lorsqu'il regarde bien la récompense, lâchez-le ou libérez-le en lui disant « en avant ». Ne bougez pas et restez derrière la haie. Félicitez-le chaleureusement s'il réussit à aller chercher sa récompense de l'autre côté de la haie.

→ S'il le fait correctement une ou deux fois, faites la même chose en vous plaçant cette fois à la haie n° 2. La récompense, elle, est toujours derrière la haie n° 3. Le chien devra donc franchir deux haies pour accéder à la gamelle ou au jouet.

- Si c'est difficile et que le chien passe à côté, restez à ce niveau pendant quelque temps. Quand le chien réussit bien deux ou trois fois de suite, vous pouvez partir de la haie n° 1. N'oubliez jamais de féliciter votre chien lorsqu'il va jusqu'au bout.
- La dernière étape consistera à ajouter votre mouvement. Cette fois, quelqu'un d'autre doit tenir votre chien, ou demandez-lui de rester assis derrière la haie n° 1. Allez vous placer à côté de la haie n° 2, puis dites « en avant » et courez/trottinez à côté des haies, vers la récompense. Félicitez chaleureusement votre chien s'il est bien allé tout droit.

Ces deux exercices (la conduite et le « en avant ») se mêleront ensuite pour ne devenir qu'un. La plupart du temps, vous courrez à côté de votre chien ou légèrement devant, et s'il vous double, vous pouvez dire « en avant » pour qu'il continue tout seul. L'exercice du « en avant » vous permettra aussi d'améliorer l'autonomie de votre chien et de vous détacher petit à petit de l'obstacle, sans être obligé de toujours courir en le guidant avec le bras au-dessus de la haie. Le but est qu'il comprenne qu'il doit courir à côté de vous en sautant les haies, sans forcément suivre votre main des yeux.

## LE TUNNEL

Pour l'apprentissage du tunnel, il est plus facile d'être deux. Tout d'abord, repliez le tunnel à sa longueur minimum. Plus il est court, plus ça sera facile pour le chien. Votre « assistant » peut tenir votre chien par le harnais pendant que vous passez de l'autre côté du tunnel. Passez votre tête et vos bras dans le tunnel (eh oui, il faut donner de sa personne !) et appelez votre chien. Vous pouvez également lui tendre une friandise à travers le tunnel. Mettez-y tout votre enthousiasme ! Pour certains chiens, c'est une véritable épreuve. Surtout ne les poussez pas dans le tunnel et ne les forcez pas à y entrer, ça serait pire ! Si votre chien a très peur (ça peut arriver au début), décomposez l'apprentissage en récompensant juste le fait qu'il avance sa tête dans le tunnel. Quand il s'engage en partie ou entièrement, félicitez-le et récompensez-le ! Petit à petit, il osera faire de plus en plus de pas. Si vous êtes seul, vous pouvez aussi jeter une friandise bien visible ou un jouet à travers le tunnel, mais ce dernier doit être très court pour que la friandise arrive bien de l'autre côté, sinon il risque de faire demi-tour pour vous rejoindre à mi-parcours ! Quand le chien passe bien dans un tunnel court, vous pourrez le rallonger très progressivement et commencer à introduire le mot « Tunnel » lorsque le chien s'y engage. Ensuite, le plus gros du travail sera de lui apprendre à passer alors que vous n'êtes plus au bout, mais à côté en train de courir ! Pour cela, il devra avoir déjà très bien compris qu'il faut toujours passer dans le tunnel quand vous dites « Tunnel », et fait beaucoup de répétitions

L'assistant appelle le chien avec une friandise

de l'exercice précédent. Toujours aidé par votre assistant, partez désormais du même côté que le chien. Le tunnel devra de nouveau être le plus court possible. Dites-lui « Tunnel », indiquez le tunnel avec la main qui est du côté du chien, et quand il s'y engage, courez pour aller le chercher de l'autre côté (attention, vous ne devez pas avoir de friandise dans la main, sinon le chien ressortira pour suivre la friandise). Votre assistant peut tenir le chien pour éviter qu'il ne contourne l'obstacle, et le lâcher lorsqu'il s'engage dedans, sans jamais le pousser dans le tunnel.
La dernière étape sera d'incurver légèrement le tunnel afin que le chien s'habitue à moins voir la sortie. Quand le tunnel sera courbé en U, il ne verra plus du tout la sortie et devra s'engager en ayant confiance dans le fait qu'il pourra sortir de l'autre côté.
Rappelez-vous de toujours vous placer à l'intérieur de la courbe, même quand le chien est dans le tunnel !

## QUE FAIRE SI...

**Votre chien fait demi-tour dans le tunnel**
Laissez-le faire ! Il a besoin de voir qu'il n'est pas contraint. Réduisez la longueur du tunnel, redressez-le s'il est en courbe, et recommencez jusqu'à ce qu'il prenne confiance et comprenne que la récompense est toujours de l'autre côté.

## CHANGER DE MAIN

Nous l'avons vu, en agility, on se place toujours à l'intérieur de la courbe. Mais comment faire quand le parcours ne fait pas un U ou un cercle, mais par exemple un 8 ou une serpentine ? Il va falloir changer de main : le chien, qui était guidé par votre main gauche, va passer sur votre main droite.

Il existe plusieurs sortes de changements de mains, mais nous aborderons le plus simple : le pivot.

Un pivot est un changement de main qui implique que vous tourniez devant le chien pour le passer de votre main droite à votre main gauche, ou inversement. Cela paraît complexe, mais les illustrations ci-contre vous aideront.

Vous pouvez commencer à apprendre ce mouvement en laisse, et avec votre chien immobile. Le mouvement se fera en trois temps :

→ Prenez votre chien en laisse à votre gauche.

→ En faisant un pas, placez-vous en face de lui, en tenant la laisse à deux mains (vous pouvez le récompenser à cette étape).

→ En pivotant sur vous-même, placez-vous de l'autre côté du chien : votre laisse se retrouve maintenant dans votre main droite. Vous avez tourné en face du chien. Le chien, lui, ne bouge pas. Une fois que vous avez compris ce mouvement avec

### À PARTIR DE QUEL ÂGE COMMENCER ?

La conduite sans les obstacles peut se commencer avant 1 an. Pour les sauts, ça ne sera pas avant 12-14 mois pour un chien de taille moyenne et 18 mois pour un très grand chien.

**Quelle est la meilleure race pour faire de l'agility ?**

Les plus grands champions d'agility sont les Border Collies et les Shetlands : toutefois, on peut pratiquer, en loisir comme à haut niveau, avec quasiment toutes les races. Les très grands chiens (races géantes) sont les moins aptes à l'agility. Pour eux, on adaptera les parcours : courbes plus larges, haies plus basses, en évitant les tunnels s'ils ont du mal à se pencher dedans.

**Peut-on faire de l'agility dans son salon ?**

On peut faire de petits parcours d'obstacles dans son salon à plusieurs conditions : avoir un salon suffisamment grand, réduire la taille des sauts au minimum, car l'amorti ne sera pas aussi bon que sur l'herbe, disposer d'une surface anti-dérapante (tapis, dalles anti-dérapantes, etc.). Il ne s'agira pas vraiment d'agility, car on ne pourra pas prendre de vitesse, mais on peut s'amuser à faire quelques mini-parcours en marchant ou en trottant. En règle générale, ne faites jamais de sports à impacts (comprenant des sauts) lorsque le sol est glissant ou dur !

## CHANGER DE MAIN

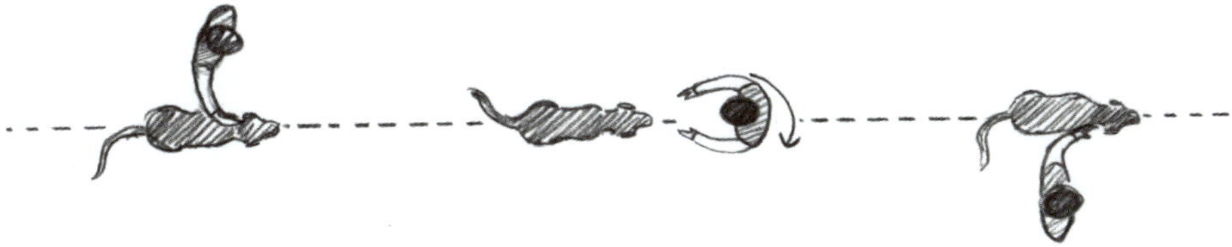

## OBSTACLES

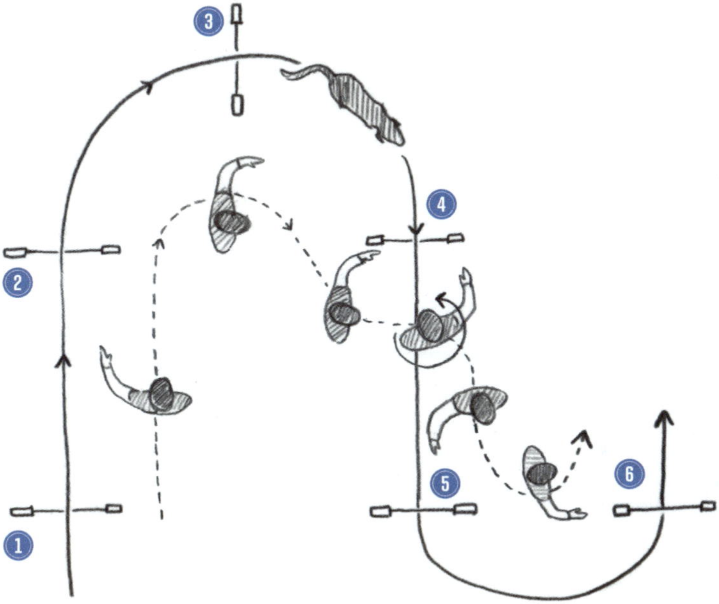


votre chien immobile, vous pouvez le faire en marchant, puis en trottinant.
Une fois que vous avez bien compris le pivot, il est temps de le mettre après un obstacle. Voici quelques schémas pour vous aider à comprendre.
Afin que vous puissiez vous amuser, voici quelques parcours à mettre en place chez vous en double page suivante.

VOIR VIDÉO
*Pivots*

## PARCOURS 1

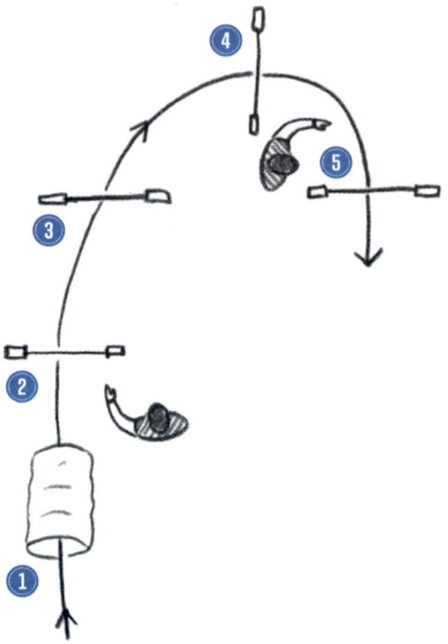


## PARCOURS 2

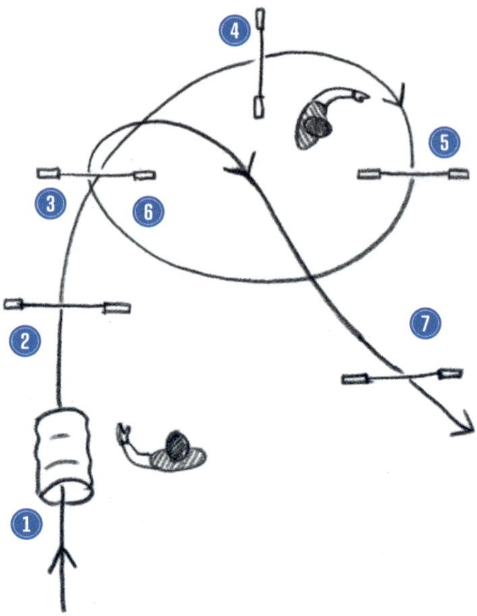


## PARCOURS 3

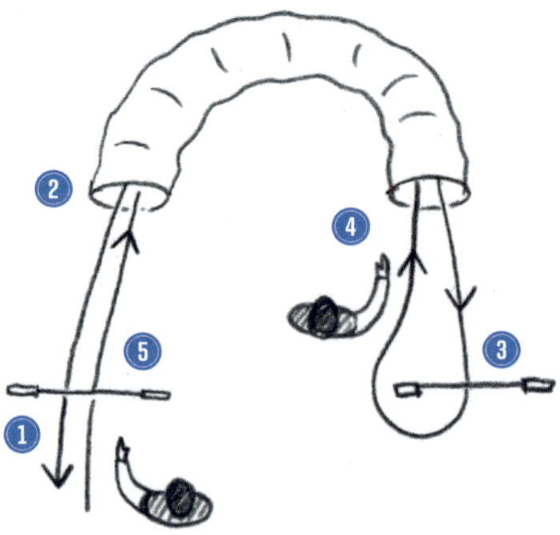


## PARCOURS 4

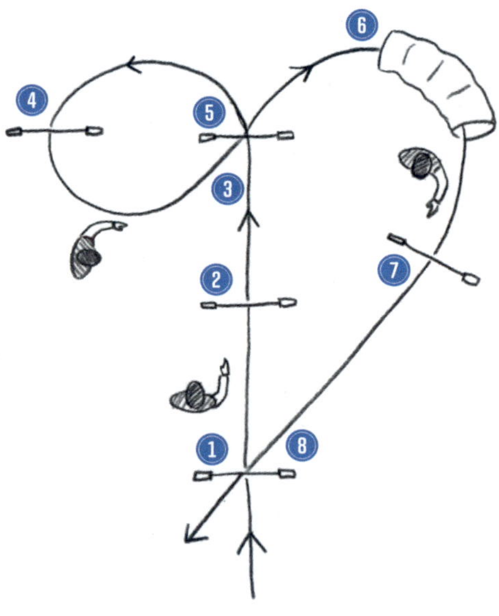

## PARCOURS 5

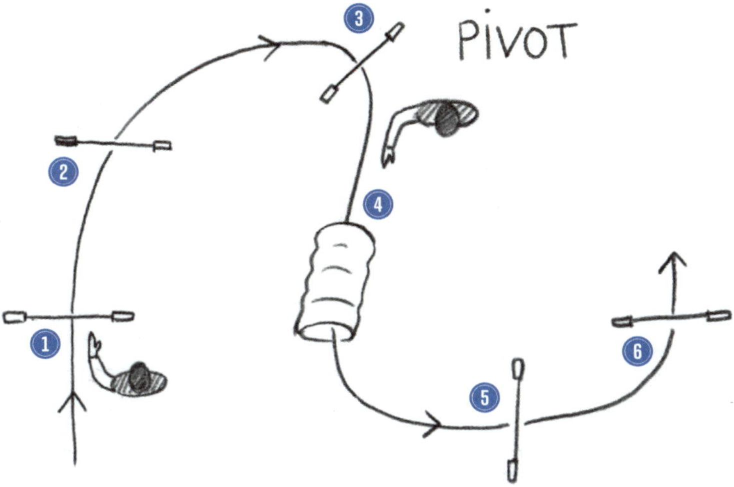


## PARCOURS 6

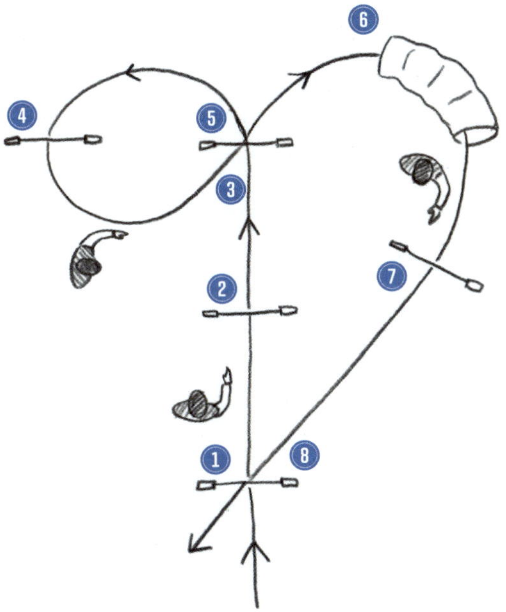

# 2

**LE DOG DANCING** est un sport relativement récent qui réunit créativité, harmonie et complicité. Que les piètres danseurs se rassurent, il ne s'agit pas vraiment de danser avec son chien, mais d'exécuter, en musique, une chorégraphie avec lui ; avec des tours, des sauts, des déplacements. La chorégraphie peut être « dansée », raconter une histoire, ou simplement refléter une thématique de votre choix.

Le dog dancing commence évidemment par l'apprentissage de tours (appelés aussi « tricks ») qui nécessitent beaucoup d'attention de la part du chien. Ces tours seront ensuite enchaînés, ce qui n'est pas le plus simple ; enfin le tout sera mis en musique pour constituer une chorégraphie, phase qui n'est indispensable qu'en compétition.

## LE MATÉRIEL

En compétition, les humains sont la plupart du temps en « costume de scène », qui peut aller d'un simple vêtement reflétant une ambiance à un véritable déguisement. On évite cependant d'habiller les chiens, afin de ne pas les gêner. On peut également utiliser des accessoires, comme des parapluies, des plots, des cerceaux... Mais pour commencer, aucun accessoire n'est indispensable !

## LES AVANTAGES ET LES INCONVÉNIENTS

Ce sport présente beaucoup d'avantages. Il ne nécessite aucun matériel particulier, et si vous souhaitez utiliser un accessoire, ça peut être un objet que vous avez déjà chez vous !

- → Vous pouvez le pratiquer dans toutes sortes d'espaces, y compris dans un petit jardin, un parc public ou même votre salon (en évitant les surfaces trop dures et surtout glissantes si vous faites des sauts).
- → Il est adapté à toutes les morphologies de chiens, puisqu'il ne comprend pas forcément de sauts ni de courses, et que vous pouvez choisir les exercices adaptés au gabarit de votre chien.
- → Il permet de travailler l'attention et la connexion du chien, qui devra enchaîner les exercices en restant concentré.

Un exemple de chorégraphie en compétition

La figure du « pneu »

Votre rôle est de garder la motivation et le plaisir de travailler pour votre chien, et les récompenses seront bienvenues tout au long de l'apprentissage.

→ Si vous arrivez à un certain niveau, le dog dancing nécessitera un peu de créativité pour créer une chorégraphie d'une à deux minutes autour d'un thème, et un peu de mémoire pour la retenir.

## COMMENT DÉBUTER ?

Voici quelques figures de base qui vous seront utiles pour commencer vos premiers enchaînements. N'oubliez pas qu'on apprend toujours les tours individuellement avant de les enchaîner. Bien que ces tours soient ludiques, ils représentent au début du travail de concentration pour le chien, donc je vous rappelle les bases : privilégiez des séances d'entraînement courtes, et récompensez chaque effort du chien ! Après 2 à 3 minutes, pensez à faire une pause, changez les idées de votre chien (vous pouvez l'emmener se promener un peu, ou lui faire chercher des croquettes au sol), et quand vous reprenez la séance, vérifiez bien qu'il a autant d'enthousiasme qu'au début. Deux minutes, ça peut vous paraître court, mais pour un chien qui n'a pas encore l'habitude, c'est déjà un temps de concentration très long !

## TOURNE/TWIST

Il s'agit de faire tourner le chien sur lui-même, dans le sens des aiguilles d'une montre et/ou dans le sens inverse (pour sa musculature, apprenez un trick dans les deux directions, lorsque c'est possible).

### Étape 1

Démarrez avec le chien en face de vous. Avec une friandise suffisamment appétissante, attirez son nez sur le côté jusqu'à ce qu'il fasse un quart de tour, puis marquez en disant « Oui ! », donnez-lui la récompense et laissez-le revenir en face de vous.

### Étape 2

Avec une ou plusieurs friandises en main, essayez maintenant d'aller jusqu'au demi-tour. Ne bougez pas votre main trop vite, au risque de perdre le chien ! Allez lentement afin qu'il suive facilement votre main. Vous pouvez utiliser une seule friandise et récompenser lorsque le chien est dos à vous, ou plusieurs friandises et récompenser à plusieurs étapes (si on imagine le chien sur une horloge, s'il démarre à 6 h, récompensez à 3 h, 2 h et midi par exemple). Petit à petit, vous sentirez que ça devient plus facile pour lui et vous pourrez l'amener de plus en plus loin, jusqu'au tour complet. Ne soyez pas avare en friandises ! Peu à peu, il suivra mieux la main, et vous n'aurez plus besoin que d'une seule friandise à la fin. La plupart des chiens sont plus à l'aise d'un côté que de l'autre. Si votre chien tourne mal d'un côté, essayez de l'autre ! Si vous n'êtes pas à l'aise avec un bras, essayez avec l'autre !

3

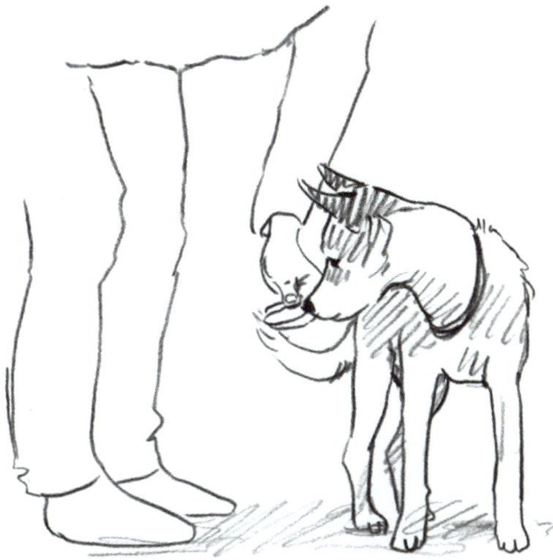

## Étape 3

Une fois que votre chien suit bien la main sur un tour complet, recommencez la même chose, mais sans la friandise dans la main. À la fin de son tour, marquez en disant « Oui ! », puis donnez-la. Si le chien ne suit plus, allez moins loin sans friandise (¼ de tour) ou reprenez la friandise sur deux ou trois tentatives pour lui remontrer l'idée, puis supprimez-la à nouveau.

## Étape 4

Ajoutez un mot au moment où vous commencez à faire tourner le chien (je dis « Twist » pour le sens inverse des aiguilles d'une montre et « Valse » pour le sens contraire. Mais vous pouvez dire ce que vous voulez !). Puis petit à petit, anticipez le mot : dites-le juste avant de commencer votre geste.

## Étape 5

Quand le chien semble à l'aise avec le mouvement, commencez à diminuer votre gestuelle : au lieu de faire tout le tour, démarrez simplement le geste puis laissez le chien finir son tour par lui-même une fois qu'il est engagé. Vous pourrez progressivement réduire votre geste et rehausser votre main à un niveau plus naturel pour vous. N'oubliez pas de dire le mot avant de faire le geste afin qu'il l'assimile bien.

**VOIR VIDÉO**
**Twist**

## MILIEU

Il s'agit de demander au chien de s'arrêter entre vos jambes et d'y rester. Si vous avancez, il avance en même temps que vous, si vous reculez, il recule en même temps que vous, si vous tournez, il tourne en même temps que vous, etc.
Vous pouvez consulter la vidéo pour bien comprendre la gestuelle.

Entraînement au « milieu » avec Yéti

### Étape 1

Mettez votre chien assis et demandez-lui de rester. Placez-vous devant lui, dos à lui. Il doit se trouver assis dans votre dos, à environ 1 m de vous. N'hésitez pas à vous retourner pour le récompenser si son « assis » est encore un peu difficile.
Écartez les jambes et penchez-vous pour le regarder entre vos jambes. Passez une main (avec une friandise) entre vos jambes comme pour aller le chercher. Pendant toute cette phase, il ne doit pas avoir bougé !
Quand vous êtes dans cette posture, appelez-le en le regardant bien entre vos jambes et tendez-lui la friandise entre vos jambes. Il devrait avancer tout droit pour venir chercher la friandise. Récompensez-le quand il passe la tête en dessous de vous !
Attention, certains chiens plus craintifs auront peut-être du mal à passer sous vos jambes, car c'est assez impressionnant. Si c'est le cas, décomposez davantage le mouvement et récompensez-le juste pour s'approcher ou passer le museau.

### Étape 2

Une fois que le chien est à l'aise pour passer sa tête entre vos jambes, récompensez-le plusieurs fois (cinq ou six fois) sur place, sans bouger. L'idée est de lui montrer qu'il peut rester plus longtemps dans cette position. Quand il est resté quelques secondes, lancez une dernière croquette devant vous en donnant votre signal de fin (« C'est fini », « Va », etc.).

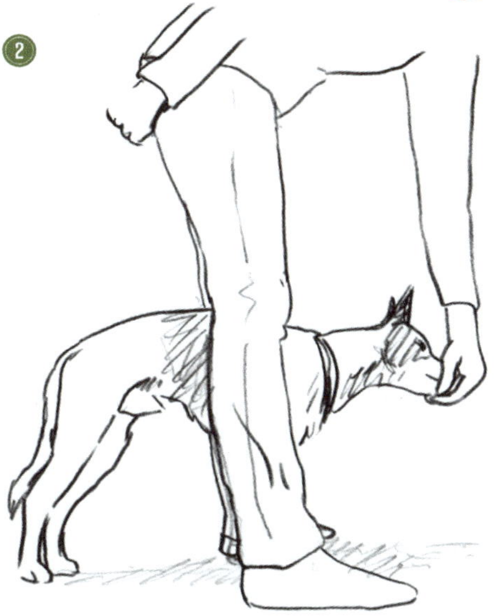


## Étape 3

Procédez de même en ajoutant le mot « Milieu » quand le chien arrive. Vous pouvez commencer à moins vous pencher, et à moins passer votre main entre vos jambes. Montrez-lui simplement la direction et récompensez-le en position.

## Étape 4

Maintenant que le chien a compris, vous pouvez vous amuser à vous déplacer. Attention, faites juste un pas au début ! Continuez à leurrer le nez du chien pour qu'il reste bien entre vos jambes. Certains chiens auront tendance à sortir quand vous bougez ! Faites un pas, incitez le chien à suivre votre main et marquez par un « Oui » et récompensez quand il avance en même temps que vous. Petit à petit, au rythme de votre chien, vous sentirez quand vous pourrez vous déplacer davantage, faire plusieurs pas, voire changer de direction.

## Étape 5

Supprimez peu à peu le leurre (votre main qui montre le chemin) et dites simplement « Milieu » en gardant vos mains à votre nombril. Vous continuerez bien sûr à récompenser régulièrement, même si vous ne guidez plus le chien.

**VOIR VIDÉO**
*Milieu*

# SLALOM ENTRE LES JAMBES

Il s'agit de faire passer votre chien entre vos jambes de manière qu'il slalome en même temps que vous avancez. C'est plus facile à réaliser une fois qu'on a déjà appris « Milieu », car le chien a alors moins d'appréhension à passer sous vos jambes.

1

En compétition avec Yéti

- Placez le chien assis ou immobile à votre droite. Avancez la jambe gauche. Avec votre main gauche, allez chercher derrière votre genou gauche pour attirer le nez du chien sous votre jambe gauche. Quand le chien suit la main et passe son nez sous votre jambe gauche, récompensez-le.
- Répétez l'opération, mais cette fois, attirez le chien plus loin afin que sa tête et l'avant de son corps passent sous votre jambe. Récompensez quand l'épaule du chien est passée.
- Refaites la même chose encore une fois, jusqu'à ce que le chien passe cette fois le corps entier sous votre jambe, et se retrouve ainsi à votre droite.

→ Votre chien est maintenant à votre gauche. Faites la même chose qu'à l'étape 1, mais en symétrique (demandez-lui de ne pas bouger, avancez la jambe droite, placez votre main droite sous votre genou droit et tirez la tête du chien sous votre jambe).

→ Quand chaque côté est fluide, essayez d'enchaîner les deux pas. Vous aurez besoin d'une friandise dans chaque main pour leurrer le chien sous chaque jambe. Avancez d'abord la jambe droite, leurrez le chien (vous pouvez le récompenser), puis quand il est passé aux ¾, avancez la jambe gauche et faites de même de l'autre côté. Si cela passe bien avec deux pas, supprimez la friandise intermédiaire et augmentez petit à petit le nombre de pas : deux, puis trois, puis quatre.

→ Il est maintenant temps d'atténuer le leurre et d'ajouter le mot (je dis « Passe » pour que mon chien passe sous ma jambe). Faites la même chose sans friandise dans la main et en montrant de moins en moins le chemin au chien. C'est votre jambe qui avance qui finira par devenir le signal, avec éventuellement un petit signe de la main.

**VOIR VIDÉO**
***Slalom entre les jambes***

# AUTOUR

Ce « trick » consiste à apprendre au chien à tourner autour de vous, alors que vous restez immobile. Il est relativement simple à enseigner une fois qu'on a compris comment guider le chien.

En serrant les jambes, ça sera encore plus facile pour le chien d'en faire le tour !

→ Vous devrez avoir une friandise dans chaque main, car vous aurez besoin de vos deux mains. Pensez à bien serrer les pieds pour que le chien ne passe pas entre vos jambes. Partez avec le chien en face de vous, et leurrez-le avec la main droite jusqu'à ce que son nez arrive derrière vous. Là, marquez par un « Oui » et donnez-lui la friandise, puis prenez le relais en le leurrant maintenant avec la main gauche pour finaliser le tour. Le secret est d'être bien fluide au passage de mains. Derrière vous, le chien doit tout de suite voir que vous avez une friandise dans l'autre main.

2

3

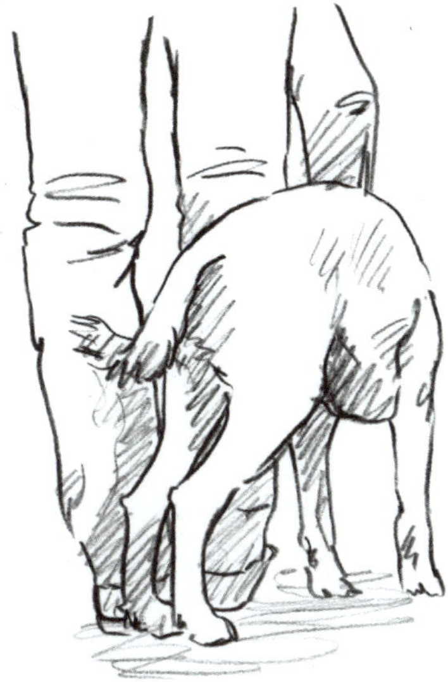

→ Commencez le geste avec la main droite sans friandise, la main gauche viendra toujours « chercher » le chien derrière vous avec une friandise pour l'aider à finir.

→ Vous n'avez plus de friandises en main, mais vous continuez à récompenser quand le chien finit son tour. Vous pouvez commencer à mettre un mot (par exemple, « Autour »).

→ Commencez à être plus discret avec vos mains, incitez simplement le chien à faire le tour en amorçant le geste, sans le guider totalement.

→ Vous pouvez si vous le souhaitez multiplier les tours (en en faisant deux ou trois de suite, mais pas plus de trois ou quatre, cela lasserait le chien).

## DONNE LA PATTE

Sur cet exercice, votre chien va devoir réfléchir un peu plus, car vous ne pouvez pas le leurrer.

→ Votre chien doit être assis, ça sera plus facile pour lui. Prenez une friandise en main, tenez votre main fermée, et présentez-la lui, à hauteur de poitrail. Au début, il risque de mettre le nez dessus, voire de vous lécher la main ou de vouloir la grignoter. Tenez bon, ne gigotez pas trop la main, gardez-la bien fixe. Au bout d'un moment, la plupart des chiens finissent par essayer de gratter votre main avec la patte. Dès que le chien lève la patte, même s'il ne vous touche pas au début, marquez (dites « Oui ») puis récompensez ce mouvement. Répétez cette étape jusqu'à ce que le chien pense assez rapidement à utiliser sa patte.

### ATTENTION

Si votre chien a déjà appris à ne pas toucher la friandise dans votre main, il se peut qu'il reste assis à vous regarder fixement. Vous devez alors l'encourager de la voix à « briser » cet autocontrôle. Si vraiment il ne propose rien, mettez-le en mouvement, faites « courir » votre main au sol comme s'il s'agissait d'une proie pour qu'il la pourchasse et essaie de l'arrêter avec ses pattes.

Adaptez la hauteur de votre main à la taille de votre chien

Une variante, poing fermé pour faire un « check »

À chaque fois, validez par un « Oui » puis ouvrez la main pour que le chien obtienne sa récompense.

→ Quand la patte vient rapidement, faites la même chose sans friandise dans la main (mais votre main est toujours fermée comme s'il y en avait une). Commencez à dire « Patte » quand il lève la patte.

→ Pensez à faire la même chose avec l'autre patte, en utilisant l'autre main. Le chien risque de toujours donner la même patte, alors essayez de bien placer votre main sur le côté pour l'inciter à donner l'autre patte.

→ Faites la même chose avec la main ouverte au lieu de la fermer.

Quand le chien a bien compris le mot « Patte », vous pouvez même vous amuser à varier les supports : une cuillère en bois, un livre, une chaussure, et même votre pied.

## SALUT

Pour ce tour, votre chien va apprendre à faire la révérence. Ce tour est plus difficile si le chien a déjà appris à se coucher, mais il reste faisable. Il demande aussi un peu d'abdos de la part du chien, donc le mouvement peut parfois prendre un peu de temps à venir. Ne tentez pas ce mouvement avec un chien de moins d'un an, qui ne serait pas assez musclé et pourrait souffrir du dos s'il n'arrive pas à se gainer.

→ Partez d'un chien debout en face de vous. Si votre chien ne sait pas rester debout et s'assied automatiquement, apprenez-lui déjà à rester debout en attirant le bout de sa truffe légèrement vers l'avant pour qu'il se lève, puis en récompensant plusieurs fois dans cette position. Gardez la main assez basse, bien à hauteur naturelle de sa tête, car si vous la levez, il risque de s'asseoir.

Avec une friandise, amenez la tête du chien vers le sol, non pas en tirant vers vous, mais en poussant légèrement vers lui, entre ses pattes avant : baissez sa tête sur son poitrail, puis vers le sol, entre ses pattes avant. Le but est qu'il bascule

1

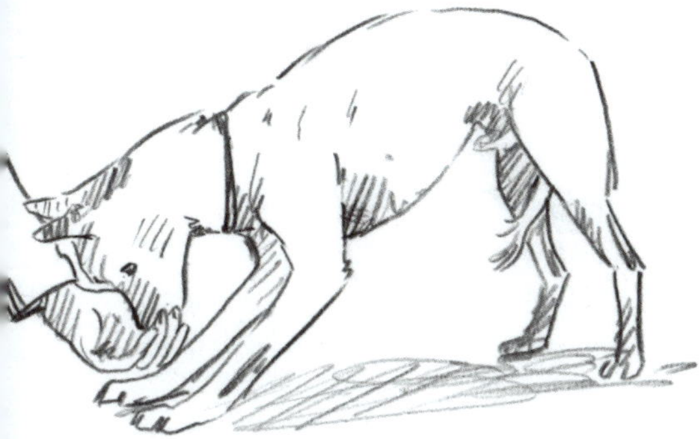

2

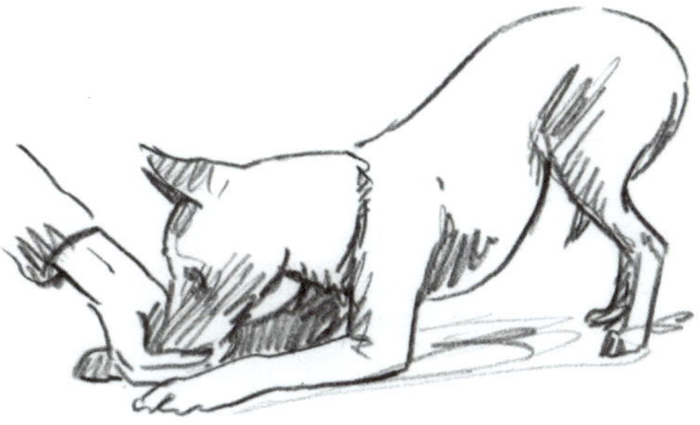

légèrement en arrière et étire ses épaules. Ne cherchez pas un salut complet pour l'instant, mais juste une ébauche. Quand il bascule légèrement son poids vers l'arrière en étirant ses épaules, marquez (dites « Oui »), récompensez puis faites-le se relever très vite, avant qu'il ne « tombe » en couché.

Si jamais votre chien se couche, cherchez un mouvement plus petit pour qu'il comprenne que ça ne concerne que l'avant. Souvent, votre geste sera trop fort et poussera l'ensemble du chien. Apprenez à contrôler votre main au millimètre près ! Vous pouvez éventuellement lui tenir l'arrière-train en passant votre main ou une laisse sous son ventre, à condition que ça ne le gêne pas et qu'il ne prenne pas peur !

→ Allez de plus en plus loin dans cette posture jusqu'à ce que ses coudes touchent le sol. Marquez, récompensez et faites-le toujours se relever.

→ Commencez à augmenter la durée du salut en récompensant plusieurs fois « en bas ». C'est à partir de ce moment-là que le chien va avoir besoin de ses abdos pour tenir. Soyez indulgent et prenez autant de temps de séances qu'il lui faut !

→ Faites la même chose sans friandise dans la main. Vous pouvez commencer à mettre le mot « Salue ».

→ Comme toujours, effacez progressivement le leurre, atténuez votre mouvement jusqu'à obtenir quelque chose de plus esthétique.

**VOIR VIDÉO**
*Salut*

## ENCHAÎNER LES TOURS

L'apprentissage de ces tours n'est qu'un premier pas en dog dancing ! Une fois que votre chien sait en faire quelques-uns, vous pouvez déjà imaginer de les enchaîner.
Par exemple, partez d'un twist, puis placez-vous de manière à pouvoir enchaîner avec un slalom, et finissez par un salut.
Une autre idée d'enchaînement : commencez avec votre chien en face de vous, demandez-lui de donner en alternance chaque patte deux fois, puis reculez de manière qu'il avance vers vous, demandez-lui de tourner deux fois autour de vous, et de finir assis en face de vous.
Bien sûr, plus vous avez de tricks dans votre valise, plus vous pouvez enchaîner de possibilités.
Le principe est toujours le même : d'abord maîtriser un tour, puis l'ajouter à un deuxième, puis à un troisième, en prenant en compte la position du chien (choisissez deux tours qui s'enchaînent facilement). Vous verrez que ça n'est pas si facile !
Au début, vous devrez récompenser votre chien pour chaque tour, puis peu à peu,

**Peut-on faire ce sport partout ?**
Pratiquement ! L'absence d'accessoires rend ce sport très facile à pratiquer en tous lieux. Faites simplement attention à ne pas le faire sur un sol trop glissant.
**Quels sont les tours déconseillés ?**
Tous les tours présentés dans ce livre, à part le salut, peuvent être pratiqués avec un chien à partir de 8 mois s'ils sont faits à petite dose (pas tous les jours, avec des séances courtes de 2 ou 3 minutes). On conseille en général d'éviter les sauts avant 1 an.
Certains tours bien connus comme « Fais le beau » sont également déconseillés pour les jeunes chiens, les chiens au dos long (Teckels, par exemple), les chiens lourds et ceux présentant des problèmes de hanches ou une faible musculature. En effet, cela demande un bon gainage et une bonne posture de départ pour éviter de créer des fragilités au niveau du dos ou des hanches.
**Doit-on savoir danser pour pratiquer le dog dancing ?**
Pas du tout ! Le dog dancing est simplement un enchaînement de mouvements en musique. Le maître peut se contenter de se déplacer (plus ou moins en rythme). Évidemment, comme il s'agit d'un sport artistique, le fait d'être à l'aise dans son corps et d'aimer s'exprimer en public est un plus, mais ça n'est absolument pas un prérequis, surtout quand on débute et quand on ne veut pas faire de compétitions !

Après quelques répétitions, vous pourrez vous passer de friandise

vous pourrez espacer les récompenses jusqu'à ne donner qu'une friandise ou un jouet à la fin. Dans tous les cas, respectez ce qu'exprime votre chien, ne le poussez pas trop. Ça doit rester un jeu pour tout le monde. Votre chien n'est pas une machine à faire les tricks ! Attention notamment aux enfants qui ont vite fait d'aimer « donner des ordres » au chien et risquent de s'amuser à lui demander trop souvent des tours.

Et si vous et votre chien vous sentez une âme d'artiste, n'hésitez pas à créer un mini-spectacle de 30 secondes en musique, en incluant des tricks et des déplacements ! Vous constaterez que rajouter la musique et tenter de coller au rythme (ralentir quand ça ralentit, accélérer quand ça accélère) est encore un autre défi très intéressant à relever ! Cela vous demandera beaucoup de concentration, car vous devrez être à la fois attentif à votre chien et à la musique !

3

**LE HOOPER** (on dit aussi parfois « les hoopers ») consiste à faire effectuer au chien un parcours composé d'arceaux, de tunnels, de barils et de barrières à contourner. Quant à vous, vous devez rester dans une zone délimitée, de 4 x 4 m à 2 x 2 m selon le niveau.

La philosophie de départ du hooper, c'est de proposer au chien une activité sans chocs, sans sauts, et même sans virages courts ni prise en compte de la vitesse. C'est donc un sport idéal bien sûr pour les chiens d'agility retraités, ceux dont le gabarit ne permet pas de faire d'agility, ceux qui ont une fragilité physique, les chiots ou jeunes chiens. C'est aussi parfait pour les maîtres qui ne souhaitent/peuvent pas courir, car vous ne devez justement pas trop vous déplacer !

## LE MATÉRIEL

Un parcours de hoopers comporte plusieurs types d'obstacles. Pour commencer, vous pouvez vous contenter de hoopers et de barils, qui constituent la base. Vous les trouverez sur les sites spécialisés dans le matériel de sports canins, mais vous pouvez aussi fabriquer les arceaux vous-mêmes.

→ **Les hoopers :** ce sont des arceaux sous lesquels le chien doit passer. Si vous les fabriquez vous-mêmes, ils doivent être assez hauts pour que le chien ne se baisse pas. Ils peuvent assez facilement être fabriqués à l'aide de tuyaux PVC pour la base et de tuyaux de plomberie (eau chaude/eau froide) pour la partie cerceau.

→ **Les barils :** il s'agit d'obstacles à contourner. Vous pouvez utiliser des plots, des cônes, des poubelles, des barils, des sacs à feuilles de jardin...

→ **Les tunnels :** officiellement de 1 m de long, flexibles, et idéalement 80 cm de diamètre. Il existe des tunnels ronds comme à l'agility ou des tunnels sans fond.

Un hooper sans barre au sol

Un tunnel sans fond

Le baril est un obstacle que le chien doit contourner

## LES AVANTAGES ET LES INCONVÉNIENTS

→ Le hooper est accessible physiquement à tous les maîtres et tous les chiens, car il ne comporte ni sauts ni de virages serrés (donc très peu de risques même pour les grands chiens) et que vous n'avez pas besoin de courir. Évidemment, le chien doit quand même être en bonne forme physique. S'il présente un problème de santé, il peut faire les parcours en marchant, mais il faudra éviter qu'il prenne de la vitesse. Cela dépendra donc de la fougue naturelle de votre chien.

→ Comme vous devez rester dans une zone délimitée, vous ne pourrez pas motiver votre chien en courant avec lui. Il faudra user d'autres techniques pour le faire avancer et le diriger, qui pourront paraître moins amusantes à certains chiens. C'est à vous de faire en sorte que votre chien soit le plus en réussite possible, et de limiter les répétitions, pour qu'il trouve amusant de faire le parcours alors que vous restez sur place. Beaucoup de chiens adorent les hoopers. Il faut juste qu'ils apprennent à réfléchir par eux-mêmes et que vous fassiez preuve de patience et de pédagogie.

→ L'autre petit inconvénient est qu'assez vite, vous aurez besoin d'espace (au moins 10 x 20 mètres). En effet, le but de ce sport étant de faire un parcours à distance, vous aurez besoin, comme en agility, d'un terrain plat assez grand pour mettre en place les obstacles.

## COMMENT DÉBUTER ?

En hoopers, votre chien devra rester immobile au départ pendant que vous allez vous placer plus loin. Il devra donc avoir un « pas bouger » assez solide. Voici comment vous pouvez le lui apprendre.

### Apprendre le « pas bouger »

Si votre chien ne sait pas rester assis, couché ou debout sur place, ne vous focalisez pas dessus. Vous pouvez tout à fait commencer les étapes suivantes avec quelqu'un qui le tient pour vous, pendant que vous travaillerez son « pas bouger » tranquillement à d'autres moments.

Demandez à votre chien de s'asseoir (il peut aussi se coucher ou rester debout, selon ses préférences), et récompensez-le plusieurs fois dans cette position. S'il accepte de rester le temps de 3 ou 4 récompenses, libérez-le en distant par exemple « Go » et jetez une friandise plus loin au sol.

Quand cette étape est facile pour le chien (qu'il garde facilement sa position),

Le « pas bouger » constitue un exercice à part entière, que le chien doit maîtriser

commencez à bouger très légèrement, juste d'un pas, puis revenez le récompenser dans sa position initiale. S'il a bougé, ne le récompensez pas, mais ne le grondez surtout pas. Cela doit rester un jeu ! Remettez-le simplement en position et recommencez en rendant les choses un peu plus faciles (bougez moins ou récompensez plus souvent, par exemple). Ne cherchez pas à aller trop vite, trop loin. Cet exercice doit se faire progressivement et dans la réussite, afin de toujours garder la motivation du chien à travailler avec vous. Continuez cet exercice jusqu'à ce que vous puissiez vous déplacer de 3 ou 4 mètres, et même bouger les bras, poser un objet au sol, etc.

## Apprendre à partir en avant

La première chose que vous devrez apprendre à votre chien, en plus du pas bouger, est de partir en avant alors que vous restez sur place. Pour cela, le plus simple est d'utiliser une « cible » que le chien devra viser. Cette cible peut être un paillasson, une gamelle, un bout de moquette, un tupperware..., n'importe quel objet visible par le chien sur ou dans lequel vous pourrez poser une friandise. Cette cible sera un repère fixe vers lequel le chien se dirigera, qui marquera à la fois l'objectif, la direction et la fin du parcours. Les inconvénients de la cible, c'est que le chien se concentre au départ plus sur la cible que sur l'obstacle. Il met un peu plus de temps à assimiler que c'est l'obstacle qui compte, puis, assez vite, il fait le lien. Le risque est qu'il aille droit sur la cible en évitant les obstacles lorsqu'il y a un virage. C'est pourquoi les virages se travaillent de manière très progressive, quand les lignes droites sont bien acquises.

Pour apprendre la cible à votre chien :

- Placez le chien en « pas bouger », ou faites-le tenir par un assistant. Reculez d'1 m, puis posez la cible au sol, en lui montrant ostensiblement que vous mettez une friandise dedans. Marquez par un « Oui » quand il arrive à la cible (il se récompensera tout seul en trouvant la friandise).
- Vous allez maintenant faire le contraire. C'est vous qui êtes vers le chien ou le tenez, et votre assistant qui est vers la cible. L'assistant pose la friandise sur la cible, et vous dites « En avant » à votre chien. Si votre chien a un très bon « pas bouger », vous n'avez pas besoin d'assistant, vous pouvez poser la récompense vous-mêmes et revenir à lui ensuite. Dites « Oui » quand il arrive à la cible. Répétez cette étape 4 ou 5 fois puis faites une pause. Cette étape est à répéter jusqu'à ce que le chien aille sur la cible avec enthousiasme.
- L'étape suivante est une subtilité, mais qui a son importance : il n'y aura rien sur la cible, vous allez dire « En avant » au chien, et votre assistant posera la friandise uniquement une fois qu'il arrive à la cible. Cela permet au chien d'apprendre à aller sur la cible même s'il ne voit pas encore la friandise. Si vous n'avez pas d'assistant, vous pouvez lancer la friandise sur ou vers la cible, ou vous déplacer pour la déposer, mais uniquement une fois que votre chien est arrivé à la cible. Résistez à l'envie de courir avec lui !
- Éloignez petit à petit la cible, jusqu'à 2 ou 3 m du chien. Votre rôle est toujours

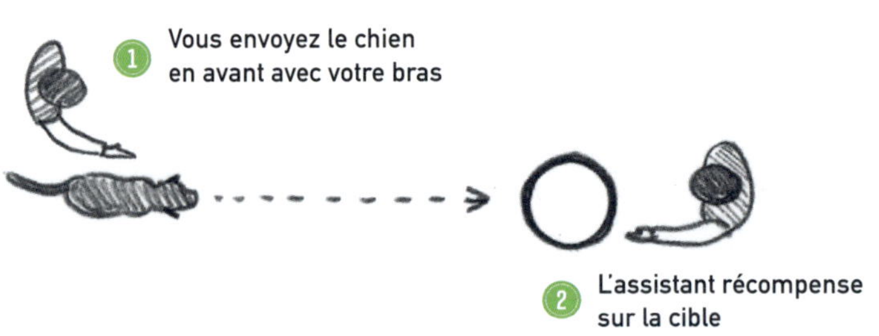

Hémy va chercher sa cible toute seule

de rester en arrière, de dire « En avant » et « Oui ! » quand il arrive sur la cible. Idéalement, vous avez toujours un assistant qui récompense quand le chien est sur la cible.

→ Une fois que ces étapes sont validées, vous pouvez faire exactement la même chose, mais en plaçant un arceau de hooper entre le chien et la cible. Placez-vous à côté du chien, dites « En avant » en lançant votre bras vers l'avant comme pour lui donner de l'élan, puis « Oui ! » et allez le récompenser (ou demandez à votre assistant de le faire) quand il arrive sur la cible en passant sous le hooper. Si jamais il passe à côté, c'est sans doute qu'il n'était pas bien positionné au départ : il doit être à moins d'1 m du hooper, et se tenir bien devant l'obstacle, en face de la cible.

→ Quand votre chien aura très bien compris, vous pourrez mettre 2, puis 3 hoopers en ligne droite, espacés de 2 m environ.

→ Vous augmenterez petit à petit la distance entre les hoopers (jusqu'à 7 m entre chaque. Mais rappelez-vous d'y aller progressivement !) et vous pourrez ajouter jusqu'à 3 ou 4 hoopers. N'oubliez pas de toujours placer la cible au bout !

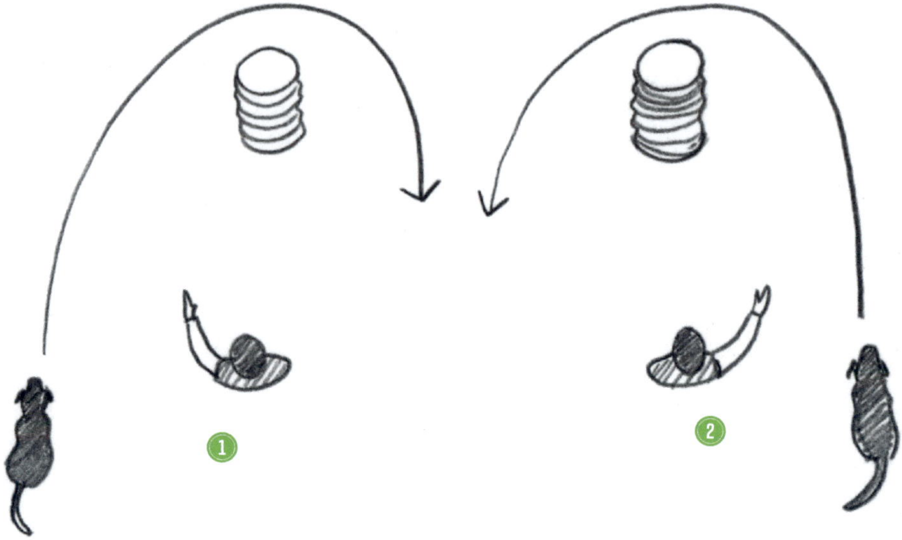


## LA CONDUITE

En hooper, on utilise deux aides pour conduire le chien à distance : les mots et la gestuelle. C'est avant tout la gestuelle qui aidera votre chien dans un premier temps. Il est toutefois important de bien choisir ses mots et de les apprendre au chien, car plus il prendra de la distance, moins il pourra se concentrer sur votre gestuelle, et plus les mots deviendront utiles. Voici les mots que vous pouvez utiliser pour débuter :

→ « En avant » veut dire va tout droit.

→ « Dessous » désigne un hooper (je l'utilise en général quand il faut passer par un hooper qui n'est pas en ligne droite par rapport aux autres, sur un cercle ou dans un virage par exemple. Si c'est en ligne droite, je dis plutôt « en avant »).

→ « Fly » désigne le fait de contourner un baril. J'utilise le même mot pour contourner par la droite ou par la gauche, c'est simplement ma posture qui change. Si le chien arrive de ma droite, il va contourner par la droite quand je dis « Fly ». Et s'il arrive par la gauche, il contournera simplement par la gauche.

→ « Tunnel » désigne bien sûr le tunnel, si vous en avez un.

Il existe bien sûr d'autres mots pour d'autres subtilités, mais lorsque vous débutez, ces quelques termes sont suffisants.

# LA GESTUELLE

Les chiens comprennent en général mieux les gestes que les mots. Vous devrez dans un premier temps, comme en agility, utiliser une gestuelle précise. Elle se rapproche un peu de celle de l'agility, mais est un peu plus nuancée (elle doit être plus précise puisque vous ne courrez pas à côté du chien pour lui indiquer l'obstacle). Comme en agility, on conduit le plus souvent avec le bras qui se trouve du côté du chien. Vous devez donc vous entraîner des deux côtés afin que votre chien prenne l'habitude d'être conduit par chaque bras, et que vous soyez à l'aise aussi. Si on doit avancer une jambe pour donner de l'élan, ça sera aussi de préférence la jambe du côté du chien.

→ **Vos jambes** donnent l'impulsion (1). Vous ne devez pas réellement marcher, puisqu'il vous faut rester dans une zone restreinte, mais vous pouvez vous déplacer très légèrement ou simplement avancer la jambe du côté du chien (en faisant juste un pas), afin de lui donner plus d'élan pour le départ. Le fait que vous bougiez comme si vous alliez vous déplacer incitera plus le chien à partir vers l'avant.

→ **La pointe de votre pied** indique aussi la direction dans laquelle le chien doit aller. Vous allez la diriger comme une flèche, vers l'endroit où vous voulez que le chien aille (2). S'il doit partir « large » loin de vous sur le côté, ouvrez votre pointe de pied vers l'extérieur. Si au contraire il doit vous raser, tournez-la davantage vers l'intérieur.

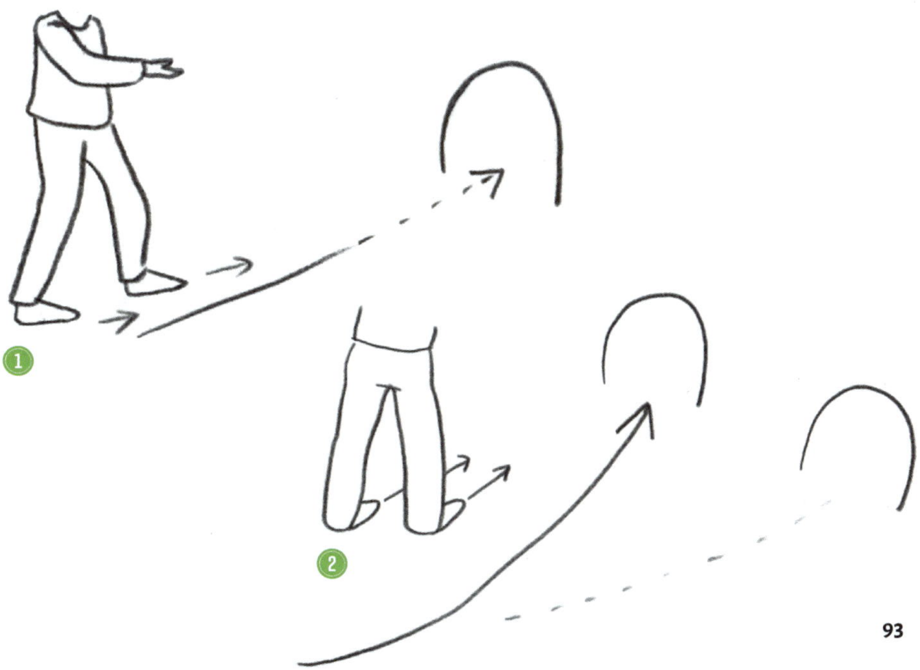

En hooper, on se sert du haut du corps comme en agility

→ **Le haut du corps** (épaules, bras, main) suit logiquement les pieds, les jambes et les hanches. Il indique le chemin précis par où passer (les pieds indiquent la direction générale, et le haut du corps, le chemin précis). En réalité, tout part des épaules. Le bras est le prolongement des épaules, et la main, le prolongement du bras. N'oubliez donc pas de bouger vos épaules, et pas uniquement votre bras, car c'est ce que le chien regardera le plus. La hauteur du bras indique la distance de l'obstacle. Plus l'obstacle est loin, plus le bras est haut. Un défaut naturel qu'on a tous est de mettre le bras à l'horizontale quand le hooper est à 1 m de soi, ce qui fait qu'on va se retrouver avec le bras pointant le ciel quand il est à 3 m, puis on va finir par devoir sauter sur place en agitant son bras en l'air lorsqu'il est à 10 m ! Si l'obstacle est à 1 m de vous, vous devez à peine lever le bras : ce sont surtout vos épaules et vos pieds qui désignent l'obstacle.

## Premiers virages

Maintenant que vous savez « conduire » et que votre chien sait aller chercher une cible en ligne droite, il est temps d'introduire les premiers virages. Pensez toujours que ce sont vos épaules et vos pieds qui indiqueront au chien la direction. Si le parcours tourne à droite, vous devez aussi tourner à droite en vous synchronisant avec votre chien (vous ne devez ni trop le devancer, au risque qu'il coupe dans votre dos, ni le laisser partir trop devant, sinon il ne verra pas ce que vous faites et en l'absence d'indication, il reviendra sans doute vers vous).

Voici des parcours qui vous permettront de les travailler. Commencez par des courbes très légères (exercice 1), où votre chien peut toujours voir la cible à travers les hoopers, et placez-vous stratégiquement au centre de la courbe, afin que le chien « prenne appui » sur vous pour tourner.

Pensez bien à faire cet exercice à « main droite » et à « main gauche », c'est-à-dire dans les deux sens. Vous conduirez une fois le chien avec votre main droite, une fois avec votre main gauche, en fonction de l'endroit d'où il part.

Le deuxième exercice pour les virages consiste à apprendre au chien à faire un U (exercice 2). Construisez un U avec 4 ou 5 hoopers, et placez-vous au niveau de la courbe, à l'intérieur de ce U afin d'aider le chien en le guidant bien au moment du virage. Comme en agility, on conduit toujours le chien depuis l'intérieur du virage. Là encore, pensez à travailler cette figure des deux mains. Petit à petit, vous pourrez vous éloigner de la pointe du U et laisser le chien un peu plus en autonomie.

## EXERCICE 1

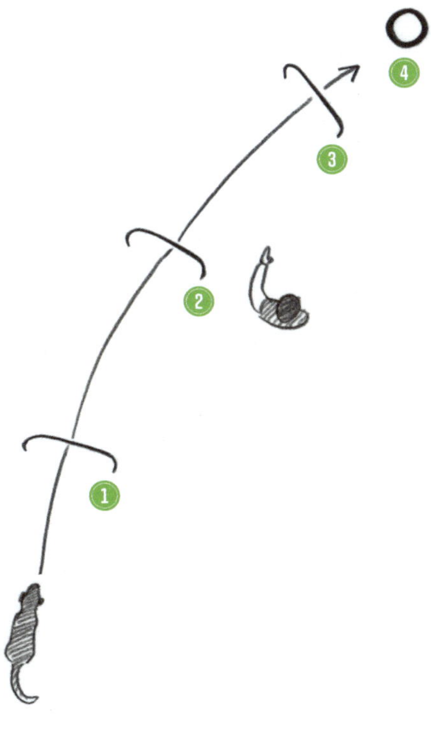


## EXERCICE 2

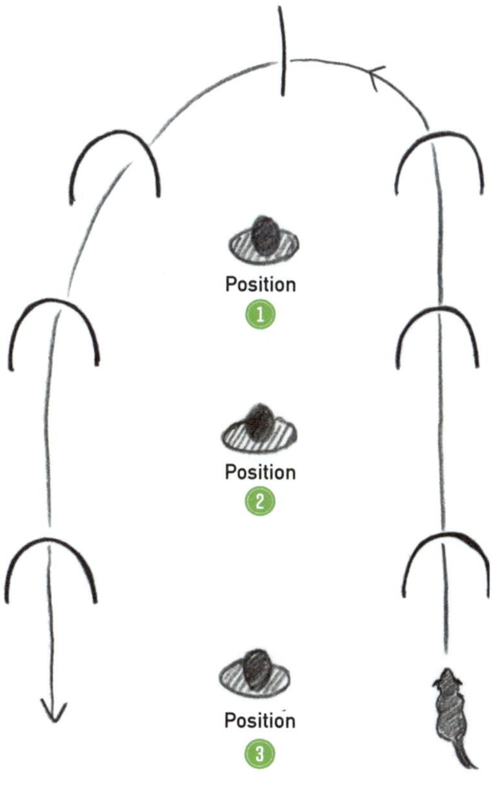

## MÉTHODE AVEC CIBLE

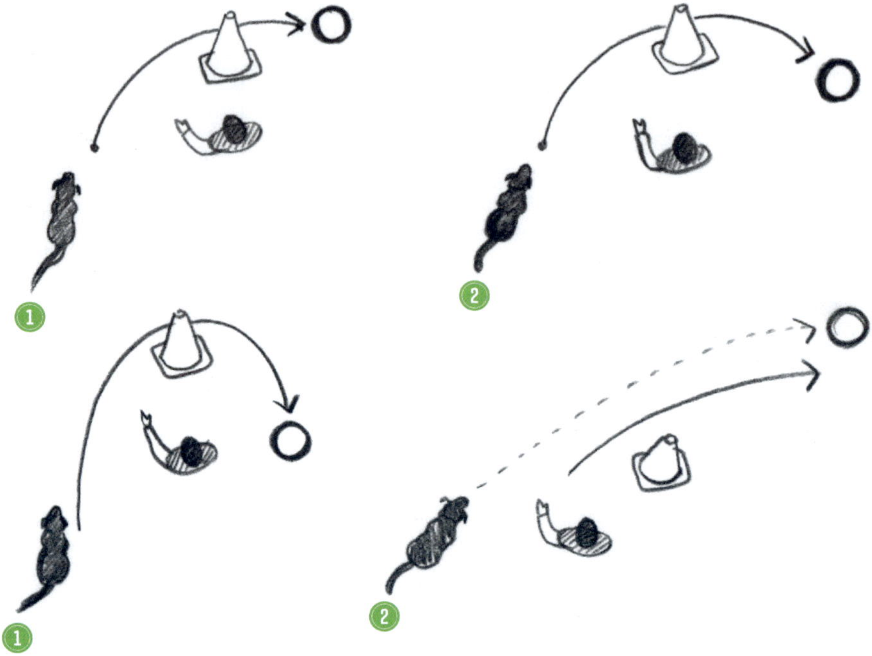


## Les barils

Voyons comment apprendre au chien à faire le tour du baril, avec des exercices qui peuvent être faits dans votre salon dans un premier temps, ce qui permet au chien d'être plus concentré que dehors. Pensez à le faire sur une surface qui ne dérape pas (tapis, etc.).

Pour le matériel, il est plus facile au début de se servir d'un cône, ou une petite poubelle, car le chien voit plus facilement de l'autre côté. Un grand baril peut lui cacher la vue et il doit faire quelques pas « en aveugle ».

Une fois que le chien aura compris, vous pourrez généraliser le comportement, en lui apprenant à faire le tour d'un poteau, un arbre, une chaise, un pot de fleur…

Comme en dog dancing, tant que le chien n'a pas vraiment compris ce qu'on lui demande, on ne va pas donner de mot précis (on peut l'encourager en disant « Allez », « Go », mais pas encore le vrai mot). Une fois que le chien fera assez naturellement le mouvement, vous pourrez ajouter un code vocal. Ici, j'utilise « Fly ».

## Méthode avec cible

→ Placez votre chien à 1 m du cône. Placez-vous collé au cône. Démarrez avec le chien à votre gauche. Si on considère que le chien est à 7 h par rapport au cône, placez la cible à 13 h. Dites « Vas-y » et incitez le chien à bouger en faisant un petit pas et en déplaçant vos épaules.

→ Faites la même chose à gauche et à droite, jusqu'à ce que ça soit facile.

→ Décalez la cible très progressivement jusqu'à 14 h-15 h. Répétez plusieurs fois, par la gauche et par la droite.

→ Placez la cible à 15 h ou 16 h. À ce moment-là, le chien ne voit plus la cible en direct, il doit s'avancer « à l'aveugle » en prenant le cône comme point de repère ; quand il aura dépassé le cône, il verra la cible. Attention, si le chien voit la cible de l'autre côté du cône, il peut décider d'y aller directement, sans contourner le cône. Placez-vous de manière stratégique afin de lui « barrer » le passage et de bien le guider de l'autre côté du cône.

## Méthode du leurre à la main

J'aime un peu moins cette méthode, car elle rend le chien très dépendant de la main, et il est ensuite compliqué de l'en détacher. Mais pour certains chiens, elle peut se révéler plus motivante et plus facile.

→ Placez votre chien à 1 m du cône. Placez-vous collé au cône. Démarrez avec le chien à votre gauche. Avec votre main gauche (avec ou sans récompense dans la main), faites décrire au chien le quart de cercle pour contourner le cône. Ne récompensez pas directement dans sa gueule, mais lancez la récompense quand il a fait un quart de cercle. Le but est qu'il apprenne à tourner assez large et à ne pas revenir vers vous instantanément.

→ Faites la même chose à droite et à gauche.

→ Si vous aviez la récompense dans la main, faites-le avec la main vide (mais récompensez quand même rapidement).

→ Commencez à lever la main pour qu'elle ne soit plus directement sous le nez du chien.

→ Réduisez votre geste petit à petit : initiez le mouvement, et dès que le chien amorce son demi-tour, arrêtez le geste pour le laisser finir seul, et aidez-le à poursuivre son chemin en envoyant la récompense.

Attention, l'utilisation d'un jouet peut faciliter la tâche avec certains chiens, mais si le vôtre est très excité, saute ou ne regarde que le jouet, je vous conseille de démarrer avec la nourriture.

VOIR VIDÉO
"Fly" avec cible

VOIR VIDÉO
"Fly" du leurre à la main

## PREMIERS PARCOURS SIMPLES

Voici quelques schémas de parcours que vous pouvez utiliser pour débuter. Réglez la distance entre les obstacles afin que ça ne soit pas trop difficile pour votre chien. Le but est qu'il réussisse et se fasse plaisir !

Vous pouvez faire ces parcours dans les deux sens, en changeant de bras.

### PARCOURS 1

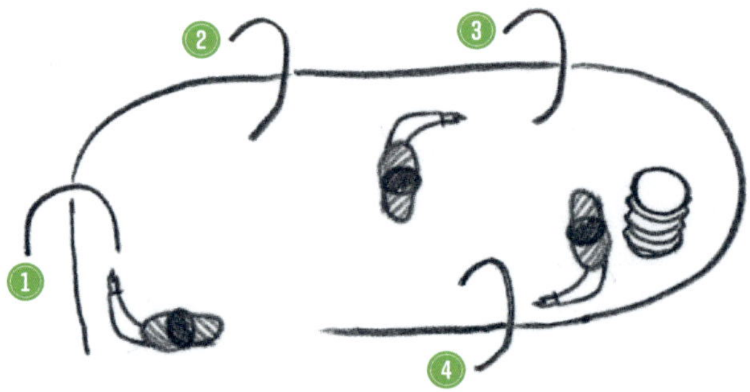


### PARCOURS 2

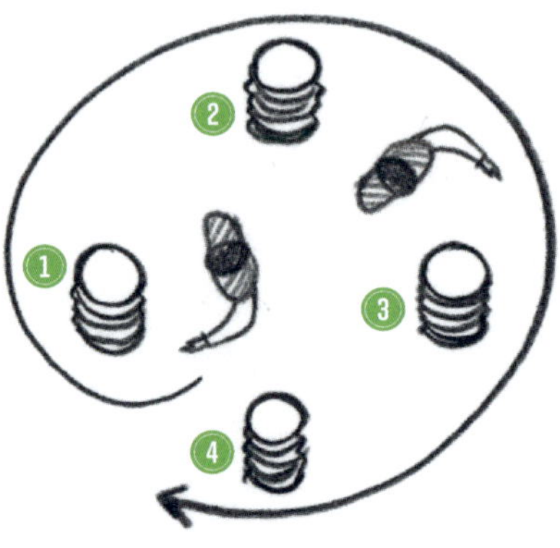

## PARCOURS 3

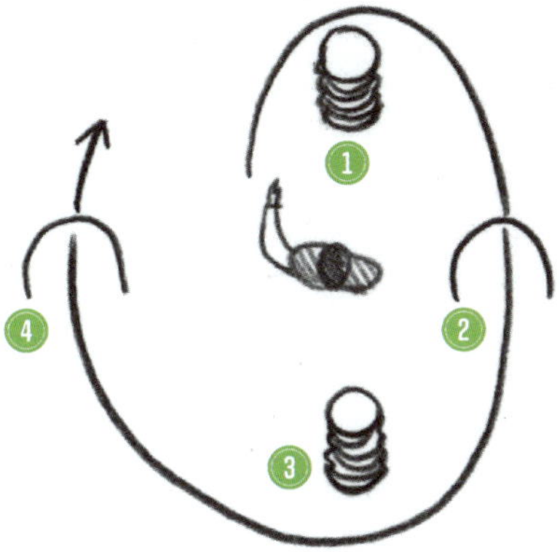


## PARCOURS 4

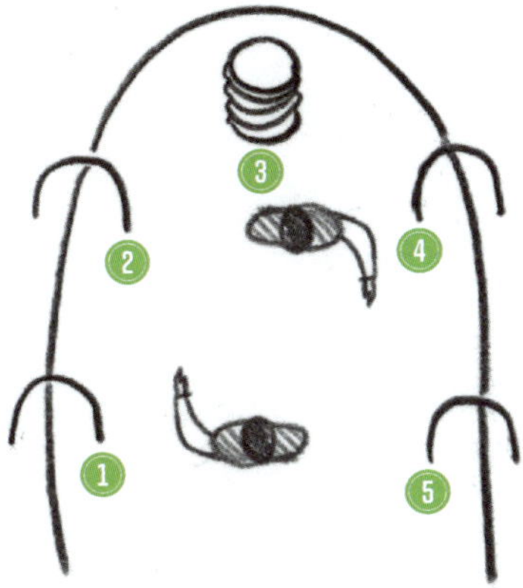


**Peut-on faire du hooper avec un chien âgé ou très jeune ?**
Oui ! L'avantage du hooper est qu'il ne force pas sur les articulations. Un chien âgé ou un chien de moins d'un an peut donc le pratiquer (à condition, pour le jeune chien, qu'il ait la concentration et les bases d'éducation pour, et pour le vieux chien, qu'il ait la forme physique…).

**Le chien ne s'éloigne pas, comment faire ?**
Peut-être avez-vous avancé un peu vite dans les étapes, travaillez les lignes droites pendant un bon moment avec la cible et si nécessaire, une friandise dedans, jusqu'à ce que le chien y aille sans trop se poser de questions. Ne tenez pas de friandise/jouet en main pour qu'il ne soit pas attiré vers vous, et pensez à toujours récompenser dans la gamelle ou en jetant la friandise ou le jouet, et jamais dans votre main. Le chien qui serait récompensé vers vous aurait tendance à toujours vouloir revenir vers vous.

**Le chien se dirige directement vers la cible, comment faire ?**
Pensez à bien guider le chien en le regardant, en insistant pour qu'il suive votre main. Appelez-le bien pour qu'il se concentre sur ce que vous lui dites et n'anticipez pas la direction. Simplifiez les parcours et réduisez l'angle des courbes. Placez-vous bien au niveau de la courbe pour l'aider à prendre le virage.

# 4

**LE CANICROSS** est un sport aussi bien pour le chien que pour le maître : vous courez avec votre chien attaché à la ceinture, unis dans un même effort. En canicross strict, la règle est que le chien soit devant vous, en tractant ou non. Pour votre loisir, vous pourrez bien sûr autoriser le chien à être à côté ou derrière vous.

# LE MATÉRIEL

Le canicross a l'avantage de ne nécessiter que peu de matériel, mais il faut bien le choisir. Trois éléments sont obligatoires : un bon harnais pour le chien, un baudrier ou une ceinture pour vous, une laisse élastique, appelée « ligne » pour relier le deux.

## Le harnais

Selon le type d'effort que vous allez faire, et la morphologie de votre chien, il existe deux types de harnais appropriés.

→ Pour un effort soutenu, un chien explosif, puissant, qui tire beaucoup, optez pour un harnais dit « X-back ». Il s'agit d'un harnais qui ne bloque pas les épaules du chien, englobe son corps et a une attache en bas du dos du chien, voire au départ de sa queue. Cela permet de moins tirer sur son dos.

→ Si vous avez un petit chien, ou un chien qui ne tire pas, vous pouvez opter pour un harnais plus court, mais il est important qu'il ne bloque pas les épaules du chien. On proscrira les harnais qui ont une sangle horizontale devant le poitrail du chien (cela empêcherait ses épaules de fonctionner avec une amplitude correcte), ainsi que les harnais qui ont un large plastron sur le dos (qui crée trop de frictions et empêche aussi les omoplates de se mouvoir librement).

Il existe des harnais longs pour toutes les tailles de chiens

Le baudrier et la laisse amortisseur complètent l'équipement de canicross

## Le baudrier ou la ceinture

Là encore, le choix dépendra de la puissance de votre chien.

→ Avec un chien puissant qui tire beaucoup, vous serez beaucoup plus à l'aise et en sécurité avec un baudrier, qui englobe l'ensemble du bassin et amortit ainsi bien mieux les à-coups.

→ Avec un petit chien ou un chien qui tire peu, vous pouvez vous contenter d'une large ceinture qui n'englobera que vos reins.

## La laisse amortisseur

Il s'agit d'une laisse élastique, aussi appelée ligne de trait, très solide, équipée d'un amortisseur (une partie élastique). Elle vous permet d'absorber les chocs entre vous et votre chien lorsque vous courez (aussi bien les chocs que vous pourriez recevoir si le chien tire, que ceux que vous pourriez donner en vous arrêtant subitement, par exemple). Il existe différents types de résistance. Pour un chien puissant, choisissez une ligne moins souple. Pour un petit chien ou un chien qui tire peu, prenez-la plus souple.

Bien évidemment, vous devrez compléter votre panoplie avec l'attirail habituel du coureur : de bonnes chaussures, des vêtements de sports, pourquoi pas un gilet de trail pour transporter de l'eau pour vous et votre chien (qui en aura certainement encore plus besoin que vous, puisqu'il ne transpire pas hormis par la bouche, et souffre donc plus de la chaleur que nous).

## LES AVANTAGES ET LES INCONVÉNIENTS

→ Un des gros avantages du canicross est qu'il est facile à pratiquer partout. Même si on évitera de courir trop souvent sur les surfaces goudronnées afin d'économiser les coussinets et les tendons du chien, il est assez facile de trouver des endroits appropriés pour courir ! Il s'agit d'un sport aussi bien pour l'humain que pour le chien, il nous permet donc aussi de rester en bonne santé !

→ Il ne nécessite pas d'apprentissages très compliqués pour le chien, qui peut donc débuter assez vite, à condition qu'il soit adulte (on évitera de faire tirer un chien dont le squelette n'est pas encore solidifié).

→ Comme beaucoup de sports, il ne convient pas aux chiens qui n'ont pas fini leur croissance. En effet, il est déconseillé de courir longtemps ou à fortiori de tracter pour un chien de moins d'un an.

→ Le chien comme vous devez être en bonne santé pour pratiquer cette activité, qui sollicite beaucoup les articulations et le cœur (mais vous serez sans doute plus un frein que votre chien !).

## POUR QUEL CHIEN ?

Tous les chiens de plus d'un an (18 mois pour les très gros) et en bonne santé peuvent pratiquer, avec évidemment un bémol pour les vieux chiens. Attention si votre chien est en surpoids, pensez toujours qu'avec les chiens, on fait du sport parce qu'on est mince, on ne fait pas du sport pour mincir !
Les chiens dits brachycéphales (au museau plat) qui ont plus de mal à respirer, ainsi que les chiens très massifs, ne sont pas forcément faits pour ce genre d'efforts. À vous de doser et de toujours vérifier la respiration et le rythme cardiaque de votre chien ! Parlez-en à votre vétérinaire au moindre doute !

Les chiens à nez court respirent moins bien. Adaptez votre course et hydratez-les bien

Veillez à adapter l'effort pour un chien lourd

Les chiens plus légers ont plus de facilité à courir

# QUE DOIT-ON APPRENDRE À SON CHIEN ?

## Courir en continu et droit devant

En canicross, tout est affaire de motivation. Le chien doit idéalement courir devant vous (si vous souhaitez pratiquer la vraie discipline et pourquoi pas des compétitions) ou au moins à côté de vous. Pour ça, il doit avoir la motivation de courir. Pour certains chiens, ça se fera naturellement, votre problème sera plus de les freiner que de les encourager ! D'autres seront ravis de courir comme des fous au début, puis se lasseront vite. D'autres encore n'aiment pas vraiment ce genre d'efforts et se mettront à ralentir dès qu'ils verront que vous êtes prêts à courir (pour ceux-là, vous pouvez peut-être choisir un autre sport).

Hors compétition, votre chien peut courir derrière vous s'il reste enthousiaste

La deuxième catégorie de chiens aura sans doute besoin d'apprendre à maintenir l'effort en restant plus ou moins devant vous. Pour cela, vous avez plusieurs pistes à explorer :

→ Vous pouvez le motiver à courir devant vous sur de courtes distances, en utilisant un « lièvre », c'est-à-dire un autre chien, votre conjoint, un ami, qui court devant (ou est à vélo) en l'appelant et en l'encourageant. Encouragez-le vous aussi lorsqu'il donne tout son effort. Vous pouvez associer cette action à un mot comme « Devant » ou « En avant » (il peut s'agir du même mot qu'en hooper, puisqu'il s'agit de la même façon de courir tout droit devant lui sans se retourner vers vous). Si vous voyez qu'en lui parlant, vous l'incitez à se tourner vers vous, ne parlez pas trop, dans un premier temps, et laissez votre « lièvre » l'encourager ! Vous pouvez faire de courtes séances comme ça.

→ Si votre environnement et l'éducation de votre chien le permettent, n'hésitez pas à le laisser en liberté une bonne partie du temps, et attachez-le sur de courtes distances pour faire l'exercice précédent, soit avec un « lièvre » qui l'encourage devant, soit dans un environnement où vous savez qu'il est content et aura plus de facilité à courir. Vous le relâcherez ensuite. Petit à petit, vous pourrez augmenter les

Avec un chien lourd ou puissant, un bon « stop » est bien utile !

moments attachés. L'idée, ici, est de le laisser profiter de sa balade et des odeurs, le temps qu'il prenne goût à courir. Évidemment, ça n'est faisable que si vous pouvez lâcher votre chien, ne prenez pas de risques inutiles.

→ Si votre chien n'a pas très envie de courir devant, bien évidemment, il ne servira à rien de le rabrouer, cela ne peut que diminuer encore son envie. Tout passe par la motivation !

## Stop/doucement

En canicross, les choses s'apprennent souvent « sur le tas ». Pour le « Doucement » ou le « Stop », je vous encourage à le travailler aussi en laisse au quotidien, afin que le chien enregistre le mot. Le « Stop » ou « Doucement » de canicross est légèrement différent de la marche en laisse, car le chien réagira à la résistance dans le harnais. Pour le lui apprendre, que vous soyez en canicross ou en promenade normale, mettez-lui un harnais, appliquez une traction progressive sur la laisse jusqu'à ce qu'il ralentisse ou s'arrête, selon votre volonté. Si vous souhaitez l'arrêter, dites « Stop » et récompensez-le quand il s'arrête. Si vous souhaitez simplement qu'il ralentisse, dites « Doucement », et votre récompense sera de le laisser repartir à son allure préférée. En effet, si vous le récompensez avec une friandise, il aura tendance à se tourner vers vous et si vous ne voulez pas qu'il s'arrête, ça peut ne pas être pratique. En résumé, voici les étapes :

### STOP

- Exercez une traction progressive sur la laisse jusqu'à l'arrêt du chien (si vous êtes vous-même en baudrier, n'hésitez pas à vous pencher en arrière pour freiner le chien, mais ne tenez pas forcément la laisse à la main. Votre propre inertie suffira à passer le message.
- Au moment où le chien s'arrête, dites « Stop ». Quand il aura compris, vous pourrez ensuite dire « Stop » avant qu'il ne s'arrête.
- Récompensez-le éventuellement avec une friandise, ou en le laissant repartir en disant « Devant ».

### DOUCEMENT

- Exercez une traction progressive jusqu'à ce que le chien ralentisse.
- Quand il ralentit, dites « Doucement ».
- Félicitez-le oralement, puis laissez-le repartir en disant « Devant ».

## Droite/gauche

Tout comme pour le « Doucement » et le « Stop », le plus facile est d'apprendre le droite/gauche sur le tas. Attention à bien choisir vos mots. Ici, « Droite » voudra dire aller à droite quand le chien est devant vous et marche dans le même sens, il s'agit donc de votre droite *et* de sa droite. Le chien va enregistrer cette configuration, mais n'apprendra pas sa droite de sa gauche. Ainsi, si un jour il arrive en face de vous, il ne comprendra sans doute pas le mot « Droite », si vous ne lui avez appris que dans votre sens. Si les mots « Droite » et « Gauche » ne vous conviennent pas, vous pouvez bien sûr en inventer d'autres : certains disent « Ba » et « Tri » pour « babord » et « tribord », beaucoup de mushers utilisent « Gee » et « Haw », vous pouvez dire « Right » ou « Left ». Bref, à vous de voir le mot qui vous convient, à condition qu'il désigne toujours la droite ou la gauche dans votre sens de marche.

Pour apprendre ce « droite/gauche », il existe des techniques complexes, mais la plupart du temps, il vous suffira de répéter « Droite » en promenade à chaque fois que le chemin tourne à droite, et « Gauche » dans l'autre sens, bien sûr. À force de répétitions, et en utilisant sa logique (le chien ne va pas tourner à droite d'un coup dans un champ parce que vous avez dit « Droite », il visera en général le chemin, sauf si vous insistez). Il utilisera aussi son observation. Le chien a un champ de vision très large et s'il n'est pas pile en face de vous, il verra vos mouvements, vos épaules et votre regard tourner. N'hésitez pas à vous en servir, accentuez vos mouvements afin qu'il les repère et se cale sur vous. Cela améliorera le travail d'équipe !

**Si j'apprends à mon chien à tirer, cela va-t-il poser problème en laisse ?**
Cela vous demandera peut-être un peu plus de rigueur, mais si on le lui apprend, le chien est tout à fait capable de contextualiser. Il pourra apprendre par exemple qu'il ne doit tirer que lorsqu'il a son harnais de canicross (c'est pourquoi on recommande souvent d'avoir deux systèmes différents pour la marche en laisse et le canicross : harnais « de ville » et harnais de course, collier et harnais, etc.). Il pourra aussi apprendre qu'il ne peut commencer à tirer que lorsque vous dites « Devant » ou que lorsque vous courez. À vous de bien faire la distinction. Si c'est très clair pour vous, et que vous faites une nette différence dans vos apprentissages, ça sera très clair pour lui aussi ! Le contraire peut aussi se passer : si le chien a appris depuis des années à ne pas tirer, il peut hésiter à tirer au canicross. Cela pourra venir avec la motivation, vos encouragements et en changeant de matériel. N'oubliez pas qu'en canicross, le chien n'est pas obligé de tirer. Il peut aussi simplement trotter devant !

**Quelle distance puis-je courir avec mon chien ?**
Une compétition de canicross est en général entre 5 et 9 km (exceptionnellement jusqu'à 20 km pour les canitrails). Mais bien sûr, quel que soit l'âge de votre chien, vous ne pouvez pas commencer par 8 km, car il risque de se lasser rapidement. N'oubliez pas que la motivation compte beaucoup dans ce sport. Commencez par de courtes distances (moins d'1 km), mêlez-y si possible des moments où le chien est détaché, et arrêtez toujours avant qu'il ne soit fatigué. Évitez également de courir aux heures chaudes de la journée. Le chien craint beaucoup plus la chaleur que nous, pensez à réduire vos distances, voire annuler ou décaler votre course du jour s'il fait très chaud.

**Mon chien est en surpoids, est-ce une bonne idée de le mettre à ce sport pour le faire maigrir ?**
De la même façon que pour un humain, il n'est pas très bon pour les articulations de courir en étant en surpoids. Le canicross est un excellent sport pour entretenir la forme et le cardio de votre chien, mais s'il est en fort surpoids, faites-le maigrir un peu avant de commencer. Un chien en surpoids sera encore plus sensible à la chaleur, aux risques cardiaques etc. Parlez-en à votre vétérinaire en cas de doute !

**Puis-je courir partout ?**
Le canicross est un de ces sports qui peuvent se pratiquer presque partout. Mais attention, si le chien est bien sûr capable de courir sur le goudron, il ne possède pas de semelles amorties comme nous. Trouvez un itinéraire qui emprunte le moins possible de passages goudronnés. Courir tous les jours uniquement sur les trottoirs ou sur la route sollicite beaucoup les articulations, les ligaments et les tendons (pour les humains aussi, d'ailleurs !). Choisissez des itinéraires en terre ou en herbe, avec le moins possible de bitume, ou seulement sur quelques passages.
Si vous êtes en montagne, vérifiez bien sûr qu'il ne s'agit pas d'un parc naturel, où les chiens sont la plupart du temps interdits.

# 5

# LE FRISBEE CANIN ou discdog

est une discipline très technique, dont nous verrons simplement les bases, afin que vous puissiez jouer en toute sécurité avec votre chien. En effet, le frisbee est un sport, mais c'est avant tout un jeu ! Il permet de renforcer le lien avec le chien et l'aide à canaliser son énergie débordante, à condition d'être pratiqué correctement.

Le frisbee canin comprend deux disciplines principales :

→ **La distance**. Le chien doit attraper au vol un frisbee lancé le plus loin possible. Il a 1 minute pour ramener le disque (c'est ainsi qu'on appelle un frisbee) et retourner le chercher autant de fois qu'il le peut. Cela rappelle le type de jeu que l'on pratique en général à la plage ou dans son jardin.

→ **Le freestyle**. Discipline phare du discdog, hautement technique et spectaculaire, elle consiste en une chorégraphie en musique, alliant figures type dog dancing, sauts et lancers en tous genres. Nous n'aborderons ici pas les sauts. Pour cela, vous devez être encadré par un professionnel ou un amateur éclairé. Mais avant de sauter, il y a bien des bases à mettre en place !

## POUR QUEL CHIEN ?

Le frisbee canin est un sport très physique, explosif, qui sollicite beaucoup les articulations. Il est donc destiné aux chiens énergiques, en bonne santé et bien sûr motivés par les jouets. Si votre chien n'est pas intéressé par les jouets en tous genres, ce sport n'est pas pour lui.

Si, en compétition, les Border Collies et les bergers en général sont rois, on peut aussi le pratiquer avec un Labrador, un Jack Russel ou un croisé, à condition qu'il soit bien mince pour ne pas trop peser sur ses articulations ! Il s'agit d'être particulièrement attentif quand on a un chien de plus de 20 kg (il faut bien l'échauffer, limiter les sauts et ne pas jouer tous les jours). Il est conseillé de ne pas commencer le frisbee avant l'âge d'1 an pour les petits chiens, 18 mois pour les plus grands.

## LE MATÉRIEL

Vous devrez impérativement choisir des frisbees pour chiens. Ceux que l'on trouve dans les commerces généralistes sont destinés en général aux humains. Le plastique est rigide et cassant et risque de blesser le chien. Il existe deux sortes de frisbees :

Pensez à faire des pauses régulièrement !

Yopp fait une figure appelée « legvault »

Yéti joue avec un frisbee de 18 cm adapté à sa taille

Yopp saute sur le dos, c'est une figure appelée « backvault »

→ **Les frisbees de motivation**, pour débuter. En général assez mous, en tissu, en peluche ou en caoutchouc assez mou, vous les trouverez facilement en animalerie. C'est l'idéal si vous avez un chien pas très motivé au départ, mais sachez que ces frisbees ne volent pas bien du tout !

→ **Les frisbees « de compétition »**, que l'on peut bien sûr utiliser pour jouer et qui volent bien mieux. Ils sont plus ou moins résistants en fonction de la force de mâchoire de votre chien :

- les frisbees très résistants et souples pour les types Malinois, Autralien, Berger Allemand
- les frisbees standards (plus légers, mais aussi moins résistants) pour les chiens qui n'ont pas une mâchoire très forte
- les frisbees souples, plus confortables pour les chiots ou les chiens à mâchoire sensible. Si vous ne savez pas quoi choisir, orientez-vous vers ceux-là.

Il existe trois tailles de frisbees en fonction de la taille de votre chien : 18 cm (pour les Terriers, petits Shetlands, Cockers, petits chiens de compagnie), 21 cm (pour les chiens moyens : Caniches moyens, grands Shetland, Grand Parson) et 23 cm (pour les chiens type Bergers, Labrador, Golden...).

**VOIR LIENS**
*Quel frisbee choisir pour mon chien*

## LES AVANTAGES ET LES INCONVÉNIENTS

- Le discdog nécessite très peu de matériel (un ou plusieurs frisbees) et peut se jouer partout où on a un peu d'espace en herbe. Il faut s'assurer que le terrain est bien plat et meuble, afin que le chien ne se fasse pas mal.
- C'est un sport qui défoule bien le chien et lui permet d'expulser son énergie en trop assez rapidement.
- Si on le fait intelligemment, il permet aussi de le défouler mentalement et de gagner du contrôle sur l'instinct de poursuite du chien (attention, si on lance sans contrôler le chien pendant 20 min tous les jours, il peut au contraire le rendre encore plus « fou » de poursuite).
- C'est un sport qui peut facilement rendre le chien « addict », il faut donc en permanence s'assurer qu'il n'est pas trop excité et garde le contrôle de son corps et de sa mâchoire. S'il se met à aboyer, à faire des yeux de « fou », à vous sauter dessus excessivement, faites une pause.
- C'est aussi un sport très physique. Pour ces deux raisons, ne jouez plus de 5 min de suite (on peut faire 2 ou 3 sessions de 5 min, mais avec des pauses) et pas plus de deux fois par semaine.

Parfois, il est plus facile pour les chiens de prendre les frisbees à l'envers

# LES ASTUCES POUR BIEN DÉBUTER

Une des premières astuces à connaître pour jouer plus facilement est de toujours le faire avec deux frisbees au moins. Vous vous servirez de l'un pour faire lâcher l'autre, ce qui permettra au chien d'apprendre à lâcher et échanger sans stress.

> Si votre chien a du mal avec les frisbees, n'oubliez pas que vous pouvez faire tous ces exercices avec deux jouets, tout simplement.

Pensez aussi à ne pas lancer face au chien, mais toujours dans le sens de sa course. S'il vous fait face, tournez-vous afin de lancer dans le sens où il regarde, ou apprenez-lui à tourner autour de vous (pour cela, rendez-vous dans le chapitre du dog dancing, il s'agit du même trick que le « Autour », p. 76).

Si votre chien est très accro au frisbee, afin de garder le contrôle et qu'il ne perde pas son cerveau, insérez des petits tricks de dog dancing ou de l'obéissance entre vos lancers. Par exemple, assis calmement avant de lancer ; ou slalom entre les jambes avant de faire rouler le frisbee, etc. Tout devra avoir été appris au préalable à la friandise, car une fois que

On peut aussi utiliser des frisbees « jouets » pour motiver le chien

En frisbee, on n'est pas obligé de lancer loin : pensez à varier la distance de vos lancers

le chien verra le frisbee, il sera forcément plus excité et aura plus de mal à exécuter les tours. C'est justement tout l'intérêt ! Lui apprendre à garder sa précision malgré l'excitation. Pour l'aider à se calmer, n'hésitez pas à éparpiller régulièrement des friandises au sol. S'il refuse de les manger, c'est qu'il est trop excité et a besoin d'une pause !

Enfin, toujours afin de garder la concentration du chien, essayez de ne pas lancer toujours dans la même direction (pas toujours en face de vous, ça peut être aussi à droite et à gauche, à condition d'avoir indiqué au chien par un geste ou un mouvement d'épaules où vous allez lancer), et de varier les distances. Lancez près, lancez loin, cela obligera le chien à bien se concentrer.

Par mesure de sécurité, il est déconseillé de faire sauter les chiens de plus de 20-25 kg. Je vous invite également à regarder comment votre chien atterrit. Le chien n'est pas fait pour atterrir sur les postérieurs. S'il a tendance à s'envoler puis se réceptionner sur les pattes arrière, lancez plus bas afin qu'il ne saute pas du tout.

Superstar

## AVANT DE LANCER : MOTIVER ET APPRENDRE À ÉCHANGER

Au début, il faudra peut-être motiver votre chien, qui n'est pas forcément habitué à poursuivre un frisbee. Pour cela, plutôt que de lancer le disque, faites-le rouler sur la tranche (ce lancer s'appelle un roller), afin qu'il reste en mouvement plus longtemps avant de retomber. Si vous le lancez normalement et que votre chien ne sait pas encore l'attraper, il va retomber à plat et ne plus bouger, et risque de s'en désintéresser.

Faites faire au chien un ou deux allers-retours avec des séries de 2 ou 3 « rollers » enchaînés, puis arrêtez assez vite le jeu afin de laisser le chien sur sa faim et de lui permettre de récupérer (arrêtez même s'il n'a pas l'air fatigué). Afin d'enchaîner les rollers, demandez à votre chien de lâcher le premier frisbee au sol, dès qu'il s'est retourné vers vous et qu'il a lâché, tournez le dos au chien pour lancer le deuxième frisbee dans la direction de sa course (pas à contresens), courez ramasser votre premier frisbee, et enchaînez à nouveau dans l'autre sens ! Il s'agit déjà d'un exercice difficile quand on n'a pas l'habitude !

Nelson apprend
à attraper un « roller »

**VOIR VIDÉO**
*Le B.A BA du frisbee : lâcher et enchaîner*

## CANALISER LE CHIEN

Attention, certains chiens seront naturellement bien plus motivés que d'autres par l'objet. Si votre chien a tendance à beaucoup s'exciter en voyant le frisbee, voire à vous l'arracher des mains, il vous faudra avant tout le canaliser, le récompenser avec une bonne friandise pour éviter qu'il se jette sur le frisbee. S'il refuse la friandise à la vue du frisbee, c'est déjà qu'il est trop excité. Vous pouvez ranger le frisbee, lancer une poignée de nourriture au sol, et recommencer quand le chien est calmé. Le contrôle et la communication avant tout, c'est une question de sécurité !

## PREMIERS LANCERS

Une fois que votre chien sait attraper les rollers sans hésitation, revenir vers vous et lâcher le frisbee, vous pouvez commencer à lui apprendre à attraper. Les capacités des chiens sont très inégales : certains sont plus doués que d'autres et n'ont même pas besoin d'apprendre. Pour ceux qui ont du mal, vous pouvez tout d'abord « simuler » un vol de frisbee en le tenant. Placez votre chien à quelques mètres derrière vous, tenez le frisbee à l'horizontale, à hauteur de gueule. Attention à bien placer votre main afin que le chien ne risque pas de la mordre ! Mettez-vous à courir ou trottiner,

Jouer à tirer sur le frisbee permet d'augmenter la motivation

toujours en tenant le frisbee à l'horizontale, comme s'il volait, et encouragez votre chien à l'attraper au vol (attention, rangez vos doigts !). Une fois qu'il l'a en gueule, lâchez instantanément.
Quand il n'aura plus aucun mal à viser le frisbee dans votre main, vous pourrez commencer à faire de très petits lancers (sans lancer haut, mais bien à hauteur de gueule). Pour cela, il faudra sans doute vous entraîner sans le chien. Si vous êtes droitier, faites partir votre chien sur votre côté gauche, faites deux-trois pas en lui montrant le frisbee, puis, quand il a un peu d'élan, lancez le disque à 1 ou 2 m, à hauteur de gueule, de manière qu'il puisse l'attraper. S'il échoue à chaque fois, reprenez les rollers et les prises en main. C'est en multipliant les réussites que votre chien gagnera en motivation. Une fois que le chien rattrape, le but sera

Ne vous découragez pas, chez certains chiens c'est presque instantané, et pour d'autres cela peut prendre du temps.

**VOIR VIDÉO**
***Le B.A BA du frisbee : attraper au vol***

## QUE FAIRE SI...

- **Le chien ne s'intéresse pas au frisbee**
  Vous pouvez passer du temps à le motiver avec des jouets plus familiers pour lui, ou des frisbees en peluche. Courez en laissant traîner le jouet derrière vous, par exemple, ou motivez votre chien en agitant le jouet au sol. S'il gagne en intérêt pour les jouets, vous pourrez ensuite probablement transférer cet intérêt sur un frisbee souple. Si, au contraire, il regarde à peine le jouet, sans doute que ce sport n'est pas pour lui.

- **Le chien saute très haut**
  Cela peut être un problème s'il atterrit mal. Regardez bien comment votre chien atterrit. S'il se regroupe et atterrit sur ses quatre pattes, et ne s'écroule pas à l'atterrissage, cela ne posera pas trop de problèmes. Il faudra simplement bien l'échauffer au moins 10 min avant de jouer, et s'assurer qu'il soit bien mince. S'il atterrit sur ses pattes arrière, qu'il s'écroule ou se contorsionne, il risque de se mettre en danger. Lancez plus bas afin qu'il ne saute pas.
  Si vous n'y arrivez pas, je vous conseille soit d'arrêter le sport, soit de vous tourner vers un professionnel qui vous aidera.

- **Le chien ne veut pas lâcher**
  Pour lui apprendre à lâcher, l'idéal est d'échanger contre un autre frisbee, contre un jouet ou contre de la nourriture. Dès qu'il a le frisbee en gueule, approchez-vous de lui et montrez-lui que vous avez quelque chose qu'il adore. Il devrait lâcher le frisbee pour prendre le jouet ou la friandise. S'il ne lâche pas, surtout ne vous « battez » pas avec lui. Plus vous essayerez de le récupérer, plus il voudra le garder. Essayez de lui apprendre à lâcher avec un jouet ou objet qui a moins de valeur pour lui et qu'il pourra échanger plus facilement. À la fin, laissez-le toujours gagner, n'insistez pas pour récupérer le frisbee. Pour gagner en confiance, il doit voir que vous n'êtes pas son ennemi, vous n'êtes pas là pour lui voler son trésor !

- **Le chien ne rapporte pas dans ma main**
  Si vous souhaitez faire du freestyle, le chien n'a pas besoin de rapporter. Il doit juste se contenter de lâcher pour aller sur le second frisbee qui lui est proposé. Si vous souhaitez en revanche jouer avec un seul frisbee pour le lancer comme en «distance», vous aurez besoin que le chien vous rapporte le frisbee. Appelez-le et demandez-lui d'abord de lâcher à vos pieds. Vous pouvez soit récompenser en relançant le frisbee, soit le récompenser avec de la nourriture si ça vous permet de récupérer le frisbee plus facilement. Si le chien reste loin, n'hésitez pas à courir en l'appelant et en récompensant. Beaucoup de chiens sont possessifs, et ça peut être compliqué pour eux de vous faire suffisamment confiance pour comprendre que vous allez leur rendre le frisbee.

**Pour les sauts, on met souvent une veste de protection. Attention, les sauts se font toujours sous supervision**

de varier les directions, d'intégrer des figures de dog dancing entre les lancers (pas à chaque lancer, mais de temps en temps), puis petit à petit de maîtriser certaines figures de base pour créer une chorégraphie. Mais pour cela, il faudra sans doute vous faire aider par un professionnel ou un joueur plus expérimenté. Si vous et votre chien êtes déjà accro, afin de progresser dans ce sport très ludique sans prendre de risque, nous vous conseillons de participer à des stages d'initiation de frisbee avec des professionnels ou dans des clubs d'amateurs avertis. Il existe également des cours en ligne pour bien commencer.
Il existe quelques tutos pour vous aider sur Youtube.

**VOIR VIDÉO**
*Le B.A-BA du frisbee : les pré-requis*

**VOIR VIDÉO**
*Le B.A-BA du frisbee : premières bases*

**VOIR CHAÎNE YOUTUBE CANISSIMO**
*Pour aller plus loin sur Le B.A.-BA du frisbee freestyle*

**VOIR SITE**
*Cours en ligne Canissimo*

# TABLE DES MATIÈRES

# LE BON SPORT POUR SON CHIEN ......................... 48

## À DÉCOUVRIR

*Éduquez son chien par le jeu*

*Comprendre et accompagner les émotions de mon chien*

*Construire une vraie relation avec son chien*

ulmer
*éditeur du vivant*

**Nous nous engageons pour la planète :**

- Papier intérieur composé de 100% de fibres certifiées FSC provenant de forêts gérées durablement.
- Impression avec des encres végétales.
- Formats de papier optimisés.

Édition : Raphaële Dorniol
Réalisation : Laurent Melin
Illustrations : Maëlle Le Toquin

Impression : Printer Trento, srl
ISBN : 978-2-37922-377-8
N° d'édition : 377-01

Dépôt légal : août 2024
Imprimé en Italie


33, rue du Faubourg Montmartre - 75009 Paris
Tél. : 01 48 05 03 03
www.editions-ulmer.fr
Retrouvez-nous sur Facebook & Instagram

FSC www.fsc.org
MIXTE
Papier | Pour une gestion forestière responsable
FSC® C015829

CRÉDITS PHOTOGRAPHIQUES

Toutes les photos sont des autrices, sauf :
**Adobe Stock :** 1re de couverture, rabat de couverture gauche 4e de couverture, pp. 2, 5, 6-7, 10-11, 12, 13, 14, 15, 17, 19, 21, 22, 25, 27, 28, 29, 30, 31, 32 haut et bas, 35, 37, 39, 41, 44 b, 48-49, 51, 53, 54, 57, 59, 61, 67, 80, 83, 85, 89, 101, 102, 103, 104-105, 106, 107, 111, 112, 116, 120 et 126-127.
**A. Bellot :** p. 114
**S. Boillet :** p. 9
**Lola Co (Unsplash) :** 4e de couv en haut
**M. Corbi :** p. 113 bas, 117
**J. Dupré :** p. 44 haut
**P. Gastal (Flick'r) :** pp. 68, 74
**iStock :** p. 69
**I. Lainé :** p. 113 haut
**B. Mollet :** 4e de couv au milieu, pp. 86, 87 (2 photos)
**D. Moretti :** p. 57 haut
**C. Palomares :** p. 115